"互联网营销师"职业技能等级认定教材

互联网营销师——选品员

湖南省人力资源和社会保障厅职业技能鉴定中心
长沙市雨花区蓝海探索融媒体职业技能培训学校 组织编写

张俊英 蔡宏亮 谢一 主 编
宁芬 刘娜 曾鸣 胡令 副主编
易璇 梁华 颜振辉 朱艳春 参 编

电子工业出版社
Publishing House of Electronics Industry
北京·BEIJING

内 容 简 介

本书主要介绍营销选品和运营的实战技巧,帮助读者从选品入门到完全胜任高级选品员岗位。本书从网络工具的准备开始为大家详细介绍选品员所需具备的各项知识及电商选品的关键因素和策略,主要包含市场调研及调研结果分析、市场信息管理与分析、样品搜集、样品试用分析与竞品对比、营销卖点分析、商谈合作方式、产品分析、选品策划等,旨在帮助从业者解决选品过程中的痛点、难点和疑点,通过深入研究和明智的决策,找到适合业务的产品,最终走向成功。

本书可以作为互联网营销师的培训教材使用,也可供相关从业人员参考。

未经许可,不得以任何方式复制或抄袭本书之部分或全部内容。
版权所有,侵权必究。

图书在版编目(CIP)数据

互联网营销师:选品员/张俊英,蔡宏亮,谢一主编. —北京:电子工业出版社,2024.3
ISBN 978-7-121-47458-3

Ⅰ. ①互… Ⅱ. ①张… ②蔡… ③谢… Ⅲ. ①电子商务-商业经营 Ⅳ. ①F713.365.2

中国国家版本馆CIP数据核字(2024)第052163号

责任编辑:陈 虹
印　　刷:北京天宇星印刷厂
装　　订:北京天宇星印刷厂
出版发行:电子工业出版社
　　　　　北京市海淀区万寿路173信箱　邮编　100036
开　　本:787×1 092　1/16　印张:13.75　字数:352千字
版　　次:2024年3月第1版
印　　次:2024年3月第1次印刷
定　　价:42.00元

凡所购买电子工业出版社图书有缺损问题,请向购买书店调换。若书店售缺,请与本社发行部联系,联系及邮购电话:(010)88254888,88258888。
质量投诉请发邮件至zlts@phei.com.cn,盗版侵权举报请发邮件至dbqq@phei.com.cn。
本书咨询联系方式:chitty@phei.com.cn。

"互联网营销师"职业技能等级认定教材编委会

主　　任：何静怡

副主任：王祥君　欧　雁　王　焱

委　员：钟　涛　刘晓玲　孙悦轩　田　莉　徐　凝
　　　　欧　陟　叶　飞　刘　赞　张志初　易光明
　　　　刘劲松　何发良　胡登峰　张新亮　黄虹辉
　　　　曾　鸣　李　博　梁　桦　梁　华　刘海艳
　　　　刘　娜　孟迪云　申益瑜　张俊英　唐红涛
　　　　杨　洁　李　聃　罗晓康　贺长明　喻琦凯
　　　　张　静　何钱英　李　卫　贺　鑫　刘　杰
　　　　王春丽　向林峰　颜振辉　朱艳春　胡　令
　　　　张晓娜　张建英

序

近年来，随着平台经济、数字经济、人工智能的发展，互联网营销师、网约配送员、工业机器人系统操作员、无人机驾驶员等一批新职业应运而生，职业内涵和从业方式被深刻改变。新职业新业态的发展，一方面有巨大的岗位创造能力，在拉动就业的同时不断优化就业结构、提高就业质量。另一方面，新职业新业态也面临着巨大的人才缺口，需要大力开展新职业新业态职业培训，进一步释放"培训红利"，强化"培训赋能"，创造相关领域技能人才培养的"加速度"。

为适应新技术、新产业、新业态发展需求，改善新职业人才供给质量结构，近年来，人力资源和社会保障部专门出台政策文件，大力开展新职业新业态职业培训，推动技能人才队伍高质量发展。针对当前新职业新业态培训存在的培训供给不足、培训标准和评价标准不完善等问题，大胆创新举措，主动创造条件，积极探索具有特色的路径和方案，推动新职业新业态培训方向更明、路径更宽、动能更强、基础更实、质量更好。

在这种背景下，为深入贯彻落实《关于加强新时代高技能人才队伍建设的意见》文件精神，大力实施"三高四新"重要战略，培育一批具有工匠精神的高技能人才，全面提升从业人员素质，进一步推动高技能人才队伍建设，助推企业数字化转型升级，湖南省人力资源和社会保障厅职业技能鉴定中心组织编写了互联网营销师系列等级认定教材。希望通过一批新职业培训教材的出版，带动新职业培训体系的不断健全与完善。教材编写始终秉承以下原则。

——立德树人、德技并修。大力弘扬和培育劳模精神、劳动精神、工匠精神，坚持工学结合、知行合一、德技并修，聚焦劳动者技能素质提升，注重培养劳动者的职业道德和技能素养。

——就业导向、讲求实效。牢固树立职业培训为就业服务的理念，不断提升培训内容质量，只讲干货，为劳动者储备就业技能，促进就业创业，提高工作能力。

——共建共享、协同发力。加强对职业技能培训资源的统筹利用，发挥科研机构、公共实训基地和职业院校等的作用，鼓励支持龙头企业、社会资源依法参与职业技能培训，推动共建共享，形成工作合力。

——市场引导、政府支持。构建以企业为主体、职业院校为基础、政府推动与社会支相结合的职业技能培训体系，引导劳动者根据社会需要和个人需求积极参与职业技能培训。未来几年依然是新兴行业快速崛起与成长期，职业技能培训市场也将呈现良好的发展势头。职业技能培训作为职业教育的重要板块，市场规模由 2017 年的 3092 亿元，增至 2022 年的 4191 亿元，年复合增长率为 6.27%，未来将持续增长，预计于 2026 年达到 5384 亿元，年复合增长率为 6.4%。

我们应该意识到职业教育培训行业的重要性和潜力，并积极推进其发展。只有加强对职业教育培训行业的监管、促进其规范化发展，才能更好地完善人才培养体系，为中国经济转型升级提供具有竞争力的人才支持。相信在各方共同努力下，职业教育培训行业一定会为社会经济发展注入新的动力，成为推动中国经济持续、健康、稳定、高质量发展的重要力量。

前　言

随着互联网经济的快速发展，人们的生产生活方式也发生了巨大的改变，电子商务成为主流的消费方式，网络营销成为促进电商销售的主要手段。网络营销能够极大限度地突破时空与地域的约束，拓展消费需求，创新消费场景，提升消费体验，有效缓解企业产品滞销困局，增强了经济韧性。

《人力资源和社会保障部关于健全完善新时代技能人才职业技能等级制度的意见（试行）》重构了职业技能等级体系。新的职业技能等级体系是适应高质量发展需要，促进职业技能等级认定结果与岗位使用有效衔接的重要抓手。新制度下，技能等级是独立衡量工人技术能力的标尺，能客观反映技能人才的技能等级水平和职务岗位，并与薪酬激励、福利待遇、职业发展等相联系。2020年7月，国家正式确定互联网营销师成为新职业并公布了相应的《国家职业技能标准》。互联网营销师具体分为直播销售员、选品员、视频创推员、平台管理员4个工种。互联网营销师作为对社会具有一定影响力的新生代公众群体，如主播或网红，他们的言行举止以及价值观都将影响粉丝和大众。因此，完善行业规范、建立健全行业诚信体系、维护消费者利益显得极为重要；规范新业态的经营行为，如带货直播、短视频销售，主播持证上岗，已成必然趋势。

为适应互联网营销师职业技能培训的需要，湖南省人力资源和社会保障厅职业技能鉴定中心委托长沙市雨花区蓝海探索融媒体职业技能培训学校组织湖南省内电子商务领域知名专家、学者编写了本系列教材。其中，本书具体编写分工如下：长沙民政职业技术学院刘娜编写项目一、项目二，湖南涉外经济学院梁华编写项目三，湖南信息学院胡令编写项目四、项目五，湖南商务职业技术学院曾鸣编写项目六，长沙学院朱艳春编写项目七，长沙幼儿师范高等专科学校颜振辉编写项目八，长沙市雨花区蓝海探索融媒体职业技能培训学校易璇编写项目九，湖南工商大学张俊英编写项目十、项目十一，湖南涉外经济学院宁芬编写项目十二、项目十三。

本系列教材以互联网营销师《国家职业技能标准》五级/初级工、四级/中级工、三级/高级工、二级/技师、一级/高级技师 5 类职业技能要求为基础，融入近年新业态出现的相关新知识、新技术、新技能等内容编写，体例按项目任务式结构进行编排，遵从实操过程的逻辑与先后顺序。

互联网营销是一个快速发展并不断创新的职业，相关行业标准与职业技能标准也在不断完善过程中，受到行业快速迭代与编者学识能力的影响，书中难免存在疏漏与不足，恳请各位专家、读者批评指正。

目　　录

项目一　宣传准备 …………………………………………………………………………… 1

　　（五级）任务一　产品图文素材搜集方法 ……………………………………………… 1
　　（五级）任务二　网络搜索工具使用方法 ……………………………………………… 3
　　（五级）任务三　产品图文信息发布技巧 ……………………………………………… 7
　　（四级）任务四　产品宣传素材及计划制订 …………………………………………… 13
　　（三级）任务五　第三方资源库的建立方法 …………………………………………… 18
　　（三级）任务六　投入产出比的测算方法 ……………………………………………… 19
　　习题 …………………………………………………………………………………………… 21

项目二　设备、软件和材料准备 …………………………………………………………… 23

　　（五级）任务一　软件下载安装方法 …………………………………………………… 23
　　（五级）任务二　直播样品搜集方法 …………………………………………………… 30
　　（四级）任务三　样品库的盘点方法 …………………………………………………… 33
　　（四级）任务四　样品（道具）的搭配方法 …………………………………………… 36
　　（三级）任务五　出入库管理制度的建立办法 ………………………………………… 37
　　（三级）任务六　道具采购要求 ………………………………………………………… 40
　　习题 …………………………………………………………………………………………… 42

项目三　风险评估 …………………………………………………………………………… 43

　　（五级）任务一　断网、断电等故障的解决方法 ……………………………………… 43
　　（五级）任务二　营销过程中法律、法规的风险判断方法 …………………………… 46
　　（四级）任务三　团队协作风险的预判方法 …………………………………………… 50
　　（四级）任务四　风险应对计划的制订方法 …………………………………………… 51
　　（三级）任务五　风险管理奖惩制度的主要内容 ……………………………………… 53
　　（三级）任务六　风险防控方案的评估方法 …………………………………………… 54
　　习题 …………………………………………………………………………………………… 56

项目四　市场调研及调研结果分析 ………………………………………………………… 57

　　（五级）任务一　产品销售信息收集和汇总方法 ……………………………………… 58
　　（五级）任务二　产品营销方案收集和汇总方法 ……………………………………… 65
　　（四级）任务三　产品溯源方法 ………………………………………………………… 67
　　（四级）任务四　产品及用户调研方法 ………………………………………………… 69
　　（四级）任务五　信息分类方法 ………………………………………………………… 69

（四级）任务六　信息比对的内容······71
　　习题······73

项目五　市场信息管理与分析······75
　　（三级）任务一　产品选择方法······75
　　（三级）任务二　价格分析方法······78
　　（三级）任务三　产品销售数据的整理方法······83
　　（三级）任务四　供应商管理系统维护方法······84
　　（三级）任务五　产品价格跟踪系统维护方法······85
　　习题······86

项目六　样品搜集······88
　　（五级）任务一　样品选择方法······88
　　（五级）任务二　物流信息查询方法······91
　　（三级）任务三　样品要求的提出方法······97
　　（四级）任务四　样品到达要求的记录方法······98
　　（四级）任务五　样品分类的管理方法······100
　　（四级）任务六　样品试用计划的制订方法······101
　　习题······103

项目七　样品试用分析与竞品对比······104
　　（五级）任务一　样品试用注意事项······104
　　（五级）任务二　产品信息与样品的对比方法······106
　　（四级）任务三　样品体验方法······107
　　（四级）任务四　平台搜索技巧······108
　　（四级）任务五　产品竞价分析······110
　　（三级）任务六　产品和竞品价格及功能的比对方法······112
　　习题······112

项目八　营销卖点分析······114
　　（五级）任务一　产品优缺点汇总方法······114
　　（五级）任务二　产品介绍的编写方法······117
　　（四级）任务三　营销定位的方法······119
　　（四级）任务四　产品营销话术的编写方法······122
　　习题······123

项目九　商谈合作方式······124
　　（五级）任务一　产品报价商议方法······124
　　（五级）任务二　合作协议的主要内容和签订方法······130
　　（四级）任务三　合作建议的主要内容······137

（四级）任务四　结算方案的设计方法 ··· 139
（三级）任务五　营销方案的编写方法 ··· 140
（三级）任务六　风险预判方法 ·· 142
习题 ··· 142

项目十　产品分析 ·· 144

（二级）任务一　产品检验流程知识 ··· 145
（二级）任务二　产品跟踪方法 ·· 146
（二级）任务三　产品转化率分析方法 ·· 149
（一级）任务四　销售量的统计方法 ··· 159
（一级）任务五　复购率的计算方法 ··· 159
（一级）任务六　产品信息数据库的建立方法 ·· 162
习题 ··· 168

项目十一　选品策划 ··· 169

（二级）任务一　选品方案的制订方法 ·· 169
（二级）任务二　选品规划监控的方法 ·· 172
（一级）任务三　供应链渠道的建立方法 ··· 173
（一级）任务四　产品开发的相关要求 ·· 174
习题 ··· 176

项目十二　团队架构设置与团队文化建设 ·· 177

（二级）任务一　考核标准设计方法 ··· 177
（二级）任务二　协作沟通技巧 ·· 179
（二级）任务三　评价体系建立方法 ··· 180
（二级）任务四　互评机制建立方法 ··· 182
（一级）任务五　团队架构的搭建方法 ·· 183
（一级）任务六　团队分工的调整方法 ·· 186
（一级）任务七　文化理念建立方法 ··· 187
（一级）任务八　管理规范制订方法 ··· 188
习题 ··· 190

项目十三　培训与指导 ·· 191

（二级）任务一　培训计划的编写方法 ·· 191
（二级）任务二　讲义编写方法 ·· 193
（一级）任务三　能组织开展培训教学工作 ··· 194
（二级）任务四　专业技能指导方法 ··· 196
（二级）任务五　培训指导规范编写方法 ··· 197

（一级）任务六　培训教学工作的要求与技巧…………………………………………198
（一级）任务七　考评体系的建立方法………………………………………………200
（一级）任务八　专业技能指导的考评方法…………………………………………202
（一级）任务九　培训效果评估方法…………………………………………………202
习题………………………………………………………………………………………207

项目一

宣传准备

【项目导读】

如果你经营的是实体店,流量就是来到你店里的人。如果你做的是直播电商,流量就是能够看到你发布内容的人。如果你经营的是传统企业,流量就是你的业务员每天拜访的客户量,以及每天能够看到你朋友圈的人。在互联网急速发展的今天,优质内容创作成了新媒体或主播吸引流量最根本的手段,只有为用户提供优质且有创意的内容,才能打造爆款直播间,吸引更多的流量,形成自己的品牌或IP。

本项目将从网络营销前的宣传准备入手,介绍网络搜索工具使用方法,讲解产品图文信息发布技巧和相关宣传素材及计划制订,了解数据监控方案的主要内容,介绍音视频转码的方法,进而学习第三方资源库的建立并计算投入产出比。

【项目目标】

1. 能搜集产品图文素材
2. 能使用网络搜索工具核实、整理产品素材信息
3. 能发布产品图文信息预告
4. 能制订产品素材搜集计划
5. 能建立第三方宣传供应商资源库
6. 能计算预热投入产出比

(五级)任务一 产品图文素材搜集方法

搜集产品图文素材是进行营销、宣传和展示产品的关键步骤。以下是一些方法,可以帮助您有效地搜集产品图文素材。

一、产品拍摄

进行专业的产品拍摄,捕捉产品的外观、细节和特点。确保使用高分辨率的照片,以便在各种平台上展示。

二、摄影布置

为产品拍摄搭建合适的背景和场景,以突出产品的特色。可以使用不同的道具和背景,根据产品的类型和目标受众来选择。

三、实际使用场景

将产品放入实际使用场景中进行拍摄,以便用户更好地理解产品的用途和功能。例如,服装可以在不同场合穿着展示,家居产品可以放置在实际的居室环境中展示。

四、产品细节

拍摄产品的细节特点,如纹理、工艺等,有助于突出产品的品质和独特之处。

五、平面设计

制作平面设计图,将产品照片与文字、图标等元素结合,制作出宣传海报、宣传册等。

六、用户生成内容

收集用户在社交媒体上分享的关于产品的照片和体验,以展示真实的用户使用情况。

七、制作演示视频

制作演示视频,展示产品的功能、使用方法和效果。视频可以更生动地展示产品的特点。

八、3D 渲染

对于无法实际拍摄的产品,可以通过 3D 渲染制作出逼真的产品图像进行展示。

九、产品原理图

如果产品涉及技术原理或构造,可以制作产品的原理图或剖析图,以便向用户展示产品内部结构。

十、市场研究

研究竞争对手和类似产品的宣传素材,获取灵感和参考。

十一、行业资讯

关注相关行业的资讯和趋势,根据市场需求调整和优化素材。

十二、专业素材库

利用图片库、图标库等资源网站寻找高质量的图像、图标等元素,用于设计宣传素材。

十三、原创创意

根据产品的独特性,设计创意的宣传图文素材,突出产品的品牌价值和独特之处。

十四、用户反馈

收集用户对产品的反馈，可以从中提取用户使用场景和体验，用于制作宣传内容。

无论哪种方法，都要确保素材的质量、准确性和适用性。同时，不断尝试不同的方法和创意，以找到最适合您产品宣传的方式。

（五级）任务二　网络搜索工具使用方法

一、搜索引擎简介

搜索引擎主要运用一定的策略与特定的计算机程序，在浩瀚的互联网中搜集各类信息，并对这些信息进行组织和处理，为用户提供更加快速的检索服务，国内常见的搜索引擎包括：百度、搜狗搜索、搜搜、360搜索、有道搜索、必应搜索、阿里云搜索、爱问搜索等。

二、搜索引擎使用技巧

（一）简单搜索

打开相关搜索引擎，在工具栏中输入关键词后单击"搜索"按钮即可，系统会很快回馈查询结果，这是最简单的查询方法，使用方便，但是查询的结果却不是很准确，其中可能包含许多无用的信息，简单搜索引擎界面如图1-1所示。

图1-1

（二）高级搜索

在高级搜索中，不同搜索引擎提供的查询方法不完全相同，但有一些通用的查询方法，各个搜索引擎基本上都具备。

1. 精准匹配——关键词加双引号

不加双引号搜索的结果中关键词可能会被拆分，例如，当我们搜索"湖南大学"，在搜索的时候很有可能会把"湖南"和"大学"拆分开分别进行搜索，得到一些我们不需要的信息，如图1-2所示。这时候我们可以把关键词放入双引号内，就代表完全匹配搜索，也就是所显示的搜索结果一定包含完整的关键词，不会出现近义词和拆分的情况，如图1-2所示。

图 1-2

2. site——搜索指定网站下的关键信息

例如，我们只想在某个特定网站上搜索"帽子"这个信息，可以使用这个语法格式搜索，即"site：网站地址 帽子"进行搜索，这样搜出来的信息都是指定网站上的内容，如图 1-3 所示。

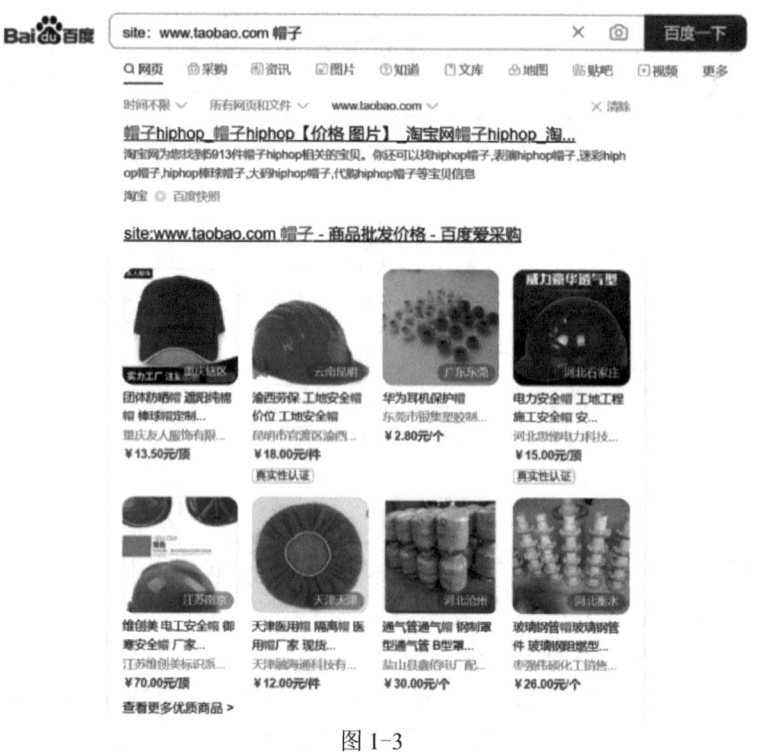

图 1-3

3. intitle——在标题里面限定条件进行精准搜索

如果我们想得到搜索结果的标题中包含我们输入的关键词，这时候可以用"intitle："进行限定，常用来搜索同行关键词的查询页面。例如，我们希望搜索引擎回馈的结果在标题里面包含"plc 控制柜"这个关键词，输入语法格式为"intitle：关键词"，如图 1-4 所示。

图 1-4

4. Filetype——查询指定的文件格式

有时候我们想在百度上查寻某个课程的文档，但是搜索出来的信息总不是自己想要的，可以试一下搜索语法格式"关键词 filetype：doc"，支持的文件格式可以是 pdf/txt/doc 等，例如："互联网 filetype：doc"，如图 1-5 所示。

图 1-5

5. 减号——不包含指定关键词的搜索

通过一个减号（—）来实现不包含指定关键词的搜索，它的使用语法是前一个关键词与后一个关键词之间用减号连接，且减号的左边是空格，例如："射雕英雄传 —小说"，如图 1-6 所示。

图 1-6

6. 加号——包含指定关键词的搜索

通过一个加号（+）来实现包含指定关键词的搜索，它的使用语法是前一个关键词与后一个关键词之间用加号连接，且加号的左边是空格，例如："直播 +湖南 +2020"，如图 1-7 所示。

图 1-7

(五级)任务三　产品图文信息发布技巧

一、产品的分类与展示

设置好产品分类可以使买家迅速地找到自己想要购买的商品。同时,产品分类也能起到很好的推荐作用,如果一个店铺在产品详情信息页面同时展示了产品分类,那么买家很可能会对其他类目感兴趣,从而促成其他购买结果。产品分类展示如图1-8所示。

图 1-8

产品分类可以是文字或图片形式,通常图片比文字具有更直观更醒目的特殊效果,因此卖家倾向于设置精美的图片分类,使用图文结合的方式让店铺货品分类井井有条,为店铺增色。

产品分类可按以下5种方式进行。

① 新款放在最上面,以便上新之后,让买家在第一时间知道。
② 设置特价产品吸引人气,特价产品的销售有时候也会带动其他产品的销售量上升。
③ 按产品的品牌分类,有品牌的衣服会比没有品牌的衣服更好销售。
④ 按产品的功能或用途分类,如上装、下装、配饰等。
⑤ 在店铺首页的"宝贝"推荐上,可以手动设置一些推荐产品的自定义模块。

二、产品的详情描述

(一)产品描述的格式

产品描述的正规格式分为3个部分:标题、正文和署名。

1. 标题

① 产品标题中包含核心关键词。设定核心关键词时可以对产品或者产品对应的主营类目及产品属性（如颜色、款式、材质等）进行扩展，根据产品或者主营类目命名查询关键词的外部搜索需求，外部搜索需求为 0 的关键词不适合用作标题关键词；核心关键词在标题中可以出现 1 次，不能超过 2 次；核心关键词必须出现在标题的前 5 个词中。

② 产品标题中包含描述词。可以使用突出表现产品的描述性关键词，比如：产品属性或者品牌。例如：手机使用品牌、内存信息或者型号等描述词；配件使用适用手机或电子产品种类等描述词；服装使用性别、款式、材质等描述词；灯具行业使用适用场景、灯的款式、功能等描述词。

③ 产品标题的通用规范。品牌名+产品功能属性+核心关键词+修饰词+型号属性+适用范围+颜色，注意产品标题单词个数一般在 16～23 个，字符长度在 140 个字符内。

④ 其他信息。一般卖品不用特别注明进货渠道，如果是厂家直供或从国外直接购进的，可在卖品名中加以注明，以突出网店卖品的独特性。网上不能面对面的交易而导致信誉度较低，一直是阻碍更多网民选择网上购物的重要因素之一。因此，如果卖家能提供有特色的售后服务，例如：买家如不满意 7 天内可无条件退换货、小家电全国联保等，均可在卖品标题中简单、明确地注明。

⑤ 产品标题禁止的事项。第一，禁止关键词堆砌（包括核心关键词和描述词）；第二，禁止重复产品标题（不要直接复制其他卖家的产品标题用作自己的产品标题；推广会降权重复产品标题的产品，不利于产品站内外的排名）；第三，禁止出现搜索需求可能较大，但与本产品无关的描述词（如产品是男鞋，不要为了覆盖更多关键词而加上女鞋、童鞋；是红色裙子；就不要加上黑色裙子；手机是小米，就不要加上某品牌。无关关键词的出现不会带来流量，只会导致搜索引擎惩罚以及流失用户）；第四，禁止使用无意义的特殊符号，例如："～""！""@""#""$""^""&""*"；第五，非品牌产品禁止出现品牌名称。优质产品标题样例如图 1-9 所示。

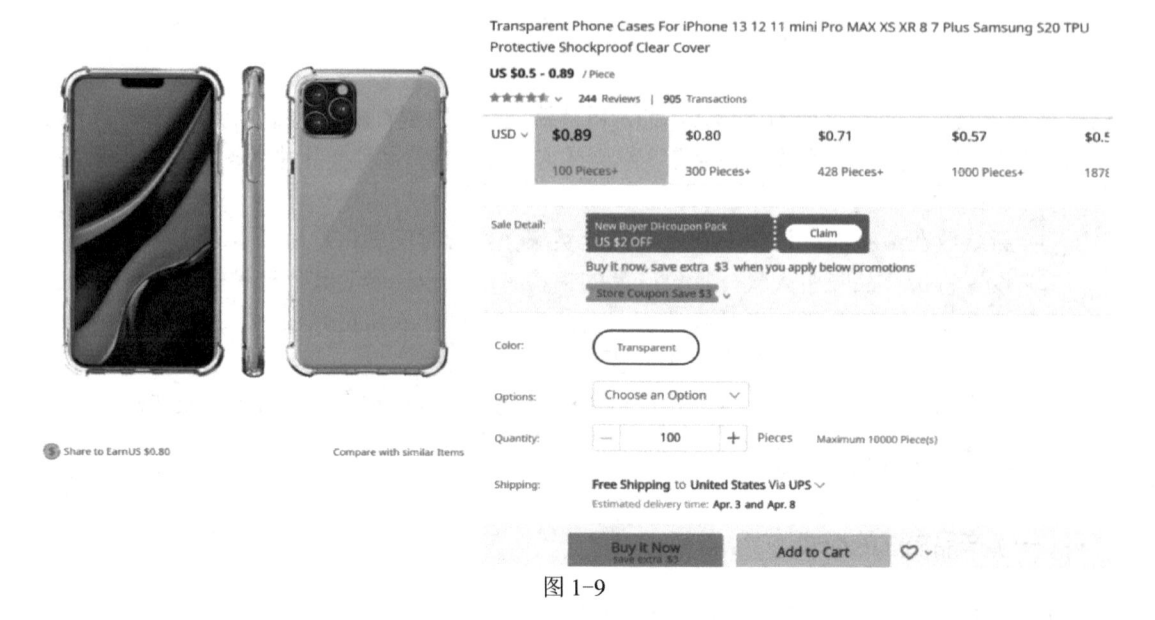

图 1-9

如图 1-9 所示，该产品标题核心关键词出现 1 次，且核心关键词 Phone Cases 出现在前 5 个词中，产品标题包含合适的描述词（特点：transparent 和适用产品型号），符合优质产品标题的要求。相反，图 1-10 产品标题出现关键词堆砌，卖家在产品标题信息发布中应尽量避免该问题。

2. 正文

正文是商品描述的主体部分，最好

图 1-10

分条来写，让人一目了然。每一条最好只表达一条信息，要表达第二条信息时另起一行。如果自己会制作描述模板，也可以使用图片对正文进行分段。一段写商品的基本性能，一段写商品的使用方法，注意事项也可以再起一段，对于每一段描述信息最好也分条来写。总之，有 5 种内容可以包含在产品描述部分：①包括项目符号，对其进行分段；②包含信息，保持读者停留在页面上；③保持信息真实性；④产品描述部分要针对所有受众；⑤包含退货信息。图 1-11 为产品描述部分示例。

图 1-11

一般来说，产品描述部分应该考虑到"谁""什么""哪里""什么时候""为什么""如何"等问题，产品描述部分的字符数一般限制为 2 000 个。

① 产品针对的人群。目标受众可以按照性别、年龄、生活方式或其他分类进行划分。

② 产品的基本信息。基本信息要包含产品的一些属性，例如尺寸、材质、产品特征和功能。

③ 用户使用产品的场合。产品是室外用还是室内用，是为人设计的还是为动物或者其他物品设计的。

④ 用户使用产品的时间。这句话的意思是使用产品是否有时间限制，产品是每天用，还是季节性使用，还是每年偶尔用几次。

⑤ 产品为什么有价值，或者为什么要比竞争对手的产品要好。写这方面内容的时候，可以写关于质量、价值、特点、优势方面的内容，另外还可以考虑使用一些图片来进行说明。

⑥ 产品起作用的方式。这一点不是必须写的，如果卖家出售的是电子类产品或者可以移动的产品，这一点就必须写上。

3. 署名

署名是一篇完整的商品描述应该包括的，店主在写完自己的商品描述信息后一定要把自己的店名署上。

（二）产品描述的方式

1. 利用客户作商品描述

网店客服部门在接待客户、处理订单信息的过程中会获取到大量的用户需求信息，例如针对某个商品或者某个系列的商品，可以将这些信息进一步加工和处理，指导编辑人员对商品描述进行修改，使客户关心的问题都能在商品描述上简明清晰地展示出来。

2. 利用竞争对手作产品描述

重视同行中做得好的网店，学习他们的产品描述方式，持续性地关注竞争对手的信息，在产品描述中进行有针对性的设置，帮助顾客解决问题。需要注意的是，在了解竞争对手的产品描述上有两个思路：①找到竞争对手的空白点；②在竞争对手的优势上更显出自己的优势。

3. 利用采购人员作产品描述

采购人员可能是公司中第一个最全面了解商品的人员，他们做采购之前，至少是获取了以下三方面信息并进行分析后才决定的，一是市场的信息，二是供应商的信息，三是本公司的信息。采购人员的分析数据可以指导编辑人员进行商品描述。

（三）产品描述的诀窍

1. 要向供货商索要详细的产品信息

商品图片不能反映的信息包括材料、产地、售后服务、生产厂家、商品的性能等，相对于同类产品有优势和特色的信息一定要详细地描述出来，这本身也是产品的卖点。买家在阅读产品介绍时，也一定要抓住一些细节，而关于大体上的介绍往往是略过的。举一个简单的例子，一家店铺出售红枣，很少会有人在意描述中枣子颜色是红色的，而是在意它有多大、是什么品种、和普通红枣比有什么特点、是比普通红枣甜还是如何。图1-12 为"和田枣"特色信息描述示例。

2. 产品描述的直观性

产品描述应该使用"文字+图像+表格"三种形式的结合，如图1-13所示，能够全面概括产品的内容、相关属性，最好能够介绍一些使用方法和注意事项，更加贴心地为买家考虑，这样买家看起来会更加直观，增加购买的可能性。

3. 做一个精美的描述模板

在"宝贝详情页"里只有宝贝资料和图片会显得很单调。而如果把这些资料放在精美的描述模板中，对买家来说不仅利于观看，还可以获得美的享受。描述模板可以自己设计，也可以在淘宝上购买，还可以到社区里去找一些免费的宝贝描述模板。与优秀图片搭配的照片相对于文字来说，更形象更动人，且更有说服力。在产品描述中也可以推荐本店热销商品、特价商品等，让买家更多地接触店铺的产品，增加产品的宣传力度。图 1-14 为产品描述模板示例。

图 1-12

图 1-13

图 1-14

4. 重视关联销售

很多买家点开宝贝后发现不合适,一般会直接关掉网页。如何尽可能地让他们进店或看店铺里别的产品是关键。可在每个产品详情中加入其他产品的图片和链接,或者加入店铺的促销信息,这样即使顾客对这个产品没兴趣,还是有可能看别的产品,单击图片即可进入该产品的购买链接。所以,在宝贝描述中加入相关的产品推荐也很重要。关联产品可以放在宝贝描述前面,也可以放在后面,还可以前后都放。图 1-15 为关联销售示例。

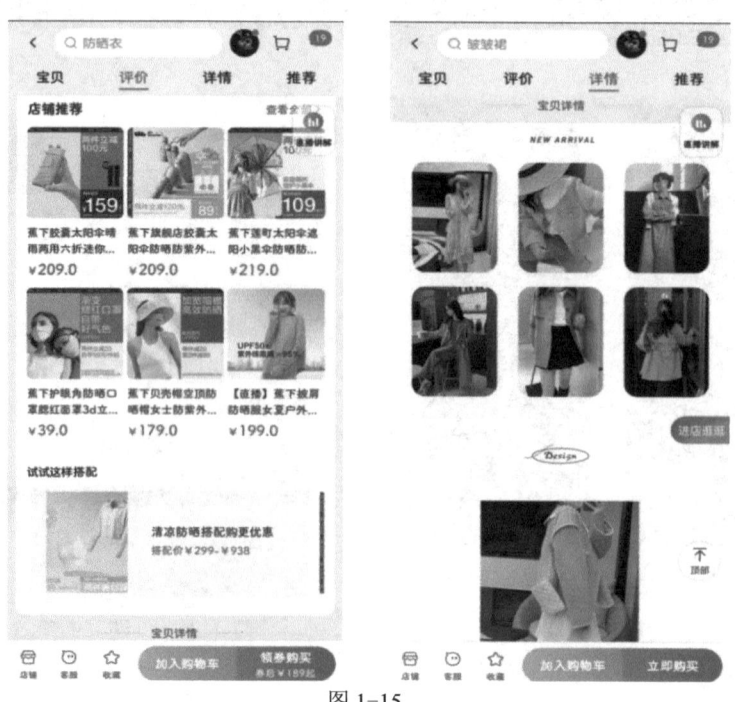

图 1-15

此外，产品描述文案可以随季节及销售数字进行修改。在产品销售之前、产品全新上市时、产品热销时、产品销量衰退时、产品清仓时的文案要具有差异，以此提高店铺的销售气氛，不断优化产品销售结果，帮助消费者找出为何要在此时购买的理由。

（四级）任务四　产品宣传素材及计划制订

产品宣传素材和计划的制订是推广产品、吸引潜在客户、增加产品曝光度的重要步骤。

一、产品宣传素材编写

① 产品简介：提供产品的基本信息，包括产品名称、品牌、特点、功能、优势等。简介应简明扼要，突出产品的独特性。

② 产品图片和视觉素材：包括产品照片、实物展示图、产品效果图等，确保图像清晰、高质量，能够吸引目标客户。

③ 产品说明书或手册：如果产品较复杂，可以提供详细的产品说明书或手册，介绍产品的使用方法、注意事项等。

④ 客户评价和案例：收集客户对产品的评价和推荐，展示客户的满意度和真实反馈。同时提供一些成功的客户案例，增加产品的可信度。

⑤ 宣传文案：编写吸引人的宣传文案，强调产品的独特卖点，引发潜在客户的兴趣，激发购买欲望。

⑥ 产品视频：在制作产品介绍视频或演示视频时，可以用动态方式展示产品的特点和功能。

二、产品宣传计划制订

① 明确宣传目标：确定产品宣传的具体目标，如提高产品知名度、增加销售量、吸引新客户等。

② 分析目标客户：了解目标客户的特点、需求和购买习惯，以便更有针对性地进行宣传推广。

③ 选择宣传渠道：根据目标客户群体的特点，选择适合的宣传渠道，如社交媒体、电视广告、杂志广告、展会等。

④ 制订时间表：在宣传计划中确定宣传活动的时间表，明确宣传活动的时间节点和持续时间。

⑤ 分配预算：根据宣传目标和计划，合理分配宣传预算，确保宣传活动的有效执行。

⑥ 设计宣传内容：根据宣传目标和目标客户，设计宣传内容和创意，确保内容吸引人、有趣味性和具有共鸣。

⑦ 整合资源：确定宣传所需的资源，如图像、视频、文字等，确保准备充分。

⑧ 宣传活动安排：确定宣传活动的安排和具体执行方式，如发布时间、地点、参与人员等。

⑨ 跟进和评估：在宣传活动进行期间，跟进宣传效果，收集反馈信息，及时调整宣传策略，优化宣传效果。

⑩ 宣传结果评估：在宣传活动结束后，对宣传效果进行评估，比较实际效果与预期目标的差距，总结经验教训。

以上内容是一个宣传素材和计划制订的基本框架，卖家可以根据自己产品的特点和宣传需求进行具体定制。宣传计划的成功执行和效果评估对于产品的推广和市场影响都至关重要。

三、直播宣传计划拟定

一场完整的直播活动，包括直播前的策划与筹备、直播活动的开展，以及直播结束后的发酵。因此，当主播与观众告别后，直播相关的工作并未结束。企业新媒体团队需要在直播网站以外的微博、微信、论坛等平台继续宣传，放大直播效果。

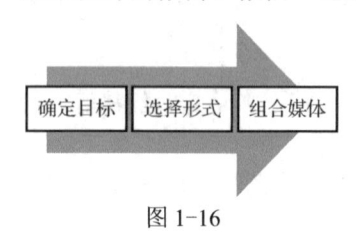

直播结束后，可以对直播进行图片、文字、视频等多维度宣传。无目的地宣传会导致宣传效果不聚焦，因此在进行宣传工作之前，需要先按照宣传步骤，制订宣传计划，以保证宣传的有效性和目的性。

直播活动的宣传计划包括确定目标、选择形式、组合媒体三个部分，如图1-16所示。

图 1-16

目标的确定是直播后续宣传的基础，否则即使已经制作出精美的视频或引人发笑的表情包，也可能达不到预期的目的。直播宣传的目标通常包括提升产品销量、加强产品知名度、提升产品美誉度、促进品牌忠诚度等。直播宣传的目标不是独立的，而是与企业整体的市场营销目标相匹配的。

确定目标后，接下来需要选择宣传形式。目前常见的宣传形式包括视频、软文、表情包三种形式。这三种形式可以独立推广，也可以组合后以"视频+表情包""软文+表情包"等形式进行网络推广。

确定宣传形式后，需要对媒体进行组合。不同宣传形式所需求的媒体组合各不相同，如表1-1所示。

表 1-1　不同宣传形式下的媒体组合

传播形式	媒体组合	媒体示例
视频	自媒体+视频平台	官方微博、微信公众号、抖音、快手等
软文	媒体+论坛	虎嗅网、知乎、豆瓣、小红书等
表情包	自媒体+社群	微博、微信公众号、微信群、豆瓣群等

完成以上"确定目标""选择形式""组合媒体"的思路整理后，企业新媒体团队需要将直播后期宣传工作细化到人、精确到时间，并设计表单并整体推进。思路整理与细节推进都策划完成后，直播销售的宣传计划就可以执行了。

四、产品专属宣传素材制订方法

（一）短视频宣传方式

在线直播只能在规定时间内参与，未及时参加的网友无法在直播后了解直播的内容与理念。因此在直播结束后，企业新媒体运营团队需要将直播内容整理出来，并推送到其他平台。

目前网民的浏览需求已经由"无图无真相"过渡到"无视频无真相",通过视频的形式把直播活动推广出去,是直播发酵与传播的最佳方式之一。

视频推广包括思路确定、视频制作、视频上传、视频推广4个步骤。

1. 思路确定

直播活动后的视频传播为全程录播、浓缩摘要、片段截取三种思路。企业新媒体团队需要在视频传播前确定视频编辑思路,以便进行相应的实施与推广。

① 进行时间较短(30分钟以内)且全程安排紧凑的直播,可以采用全程录播的视频制作思路,将直播的全程录像作为视频主体,除此之外利用片头与片尾对直播名称、参与人员等进行简要文字介绍即可。

② 进行时间超过30分钟且存在大量等候内容(如体育比赛暂停时间、晚会候场等待时间等)的直播,可以采用浓缩摘要的思路,录制旁白作为直播摘要或解读,整体与电视新闻相似。

③ 进行时间超过60分钟或存在一些较为精彩的内容(如名人进入直播间、带货明星做客直播间、文化输出价值高的片段等)的直播,可以采用片段截取的思路,直接截取全程直播中的出圈片段,整体与短视频类似。

2. 视频制作

手机视频可以用VUE、美拍大师、快手、抖音等软件直接编辑;PC端的直播视频可以利用格式工厂、爱剪辑、会声会影等软件实现剪辑、格式转换等功能。

具体使用方法可以在软件官网上查看,或在百度搜索相应软件使用方法进行学习与操作。

3. 视频上传

视频制作完成后,可以上传至视频网站,便于网友浏览。目前可供上传的视频网站包括优酷网、爱奇艺、抖音、快手、小红书、百度百家、哔哩哔哩等。

在视频上传前,需要阅读网站的上传注意事项,特别是网站对于视频大小、视频格式、视频清晰度、视频二维码等内容的限制,防止因违反网站规定而无法上传或者审核不通过。

4. 视频推广

为了使网络直播活动效果持续发酵,需要进行视频推广,以便于更多网友单击查看视频。网友浏览互联网视频,主要通过视频网站推荐、主动搜索、自媒体平台推送3种途径。

① 视频网站推荐。视频网站首页、内页通常有推荐栏目,为了提升视频浏览量,运营负责人需要与视频网站充分沟通,了解推荐规则,按照推荐规则优化视频并提交视频推荐申请。

② 提升主动搜索流量。网友通常会在搜索引擎网站(百度、360搜索等)或视频网站(哔哩哔哩、快手、抖音等)搜索相关关键词,获取需要的信息(见图1-17和图1-18)。显然,排名靠前的视频会获得更多的点击量。

为了让网友搜索相关关键词时能够发现企业的直播视频,新媒体团队需要对视频文字进行优化,将相关关键词植入视频标题、视频描述等文字内容中。

如某电商平台的直播视频上传后,原标题为"XX平台直播视频",可优化并增加"购物推荐""买买买"等网友常搜索的相关关键词,改标题为"XX平台直播视频最新购物推荐、主播带你买买买"。

③ 自媒体平台推广。

企业直播活动需要将直播与自媒体平台相结合,一方面,可利用直播宣传微博、公众号等平台;另一方面,在直播后利用自媒体平台推广直播视频,便于未参加直播的平台粉丝了解直播内容。

图 1-17

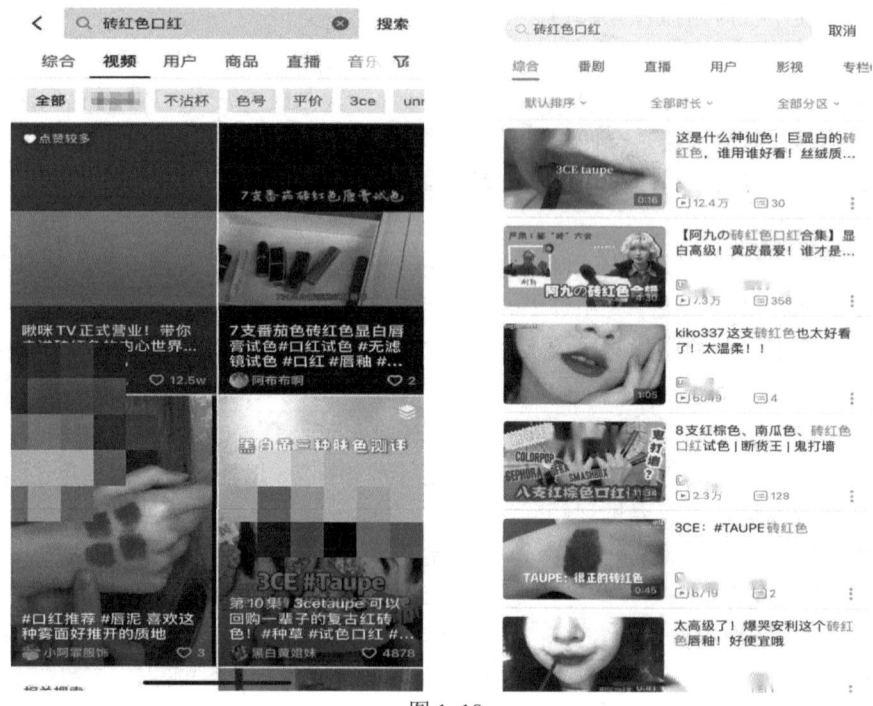

图 1-18

（二）直播软文宣传

直播销售团队通常会在重要活动后进行媒体宣传，包括电视报道、报纸宣传、网络新闻等。按覆盖人群的不同特点，直播软文可分为以下 5 类，即行业资讯、观点提炼、直播销售员经历、观众体验和运营心得。

1. 行业资讯

行业资讯类软文，常见于严肃主题直播后的推广，主要面向关注行业动态的人群。通过行业资讯，将直播活动以"本行业最新事件""业内大事"等形式发布于互联网媒体平台，吸引业内人士关注。

2. 观点提炼

观点提炼类软文，需要提炼直播核心观点并撰写成文，可以提炼的核心观点包括新科技、创始人新思想、团队新动作等。

3. 直播销售员经历

与一般介绍企业的软文相比，直播销售员经历类软文更通俗易懂，更容易拉近与网友之间的距离。因此，在直播销售员经历类软文中植入企业核心信息，可以得到更有效的传播效果。

4. 观众体验

观众体验类软文，完全以第三方的语气讲述一场直播。由于和直播主办方、直播销售员都没有直接关系，因此软文撰写可以更主观和自由。

5. 运营心得

此类软文可以从"如何策划一场直播""大型直播筹备技巧"等角度进行直播运营的心得分享，可以在知乎、直播交流论坛、策划交流网站等平台发布与推广。

（三）直播表情包宣传

直播活动中，有趣的图片也可以通过截图的形式保存下来，加上文字成为直播表情包。直播表情包的制作有发现表情、表情截取、添加文字、表情使用4个步骤。

1. 发现表情

在直播过程中遇到合适的表情，可以记录表情出现的位置，便于直播结束后统一制作表情包。通常可用于制作表情包的直播表情有以下3类。

① 经典同步型。互联网上已经有广为流传的经典表情，如微信表情、微博表情等，直播中与经典表情同步的表情，可以在争得本人同意后制作为表情包素材。

② 夸张表情型。在直播参与者无意中出现"皱眉""噘嘴""闭眼"等相对较夸张的面部表情时，可以在争得本人同意后制作为表情包素材标记并保存。

③ 动作表情型。直播中的人物动作也可以作为人物情绪的体现，尤其是与台词、口语或流行语相关的动作，可以在争得本人同意后制作为表情包素材保存。

2. 表情截取

静态表情和动态表情的截取方法不同。

① 静态表情。截取静态表情时，可以直接将视频暂停，使用截图工具（如QQ截图、微信截图浏览器截图等）截取相应的表情。

② 动态表情。截取动态表情时，可以使用QQ影音截取。通过QQ影音打开视频，单击右下角"扳手"图标，选择"动画"功能，在弹出的GIF制作页面中，通过滑动灰色线上的调节杆选择动态图的起点与终点，然后进行保存。

3. 添加文字

静态表情图可使用Photoshop新增图层并添加文字。动态表情图在Photoshop里以图层的形式出现，每一帧即一个图层。单击页面右下角"创建新图层"，选中新建的图层，并添加文字。团队名称、品牌名称等可通过水印的形式添加在图片一角。

4. 表情使用

表情推广平台包括自媒体、官方群组、表情开放平台。

① 自媒体。在官方微博、微信公众号等平台为内容配图时可以应用自家表情包进行推广。

② 官方群组。在粉丝群等官方群组内，可以由管理员带动，在聊天中应用表情包。

③ 表情开放平台。原创表情包可以提交到微信、QQ等表情开放平台，引导网友查看或使用表情包。

（三级）任务五　第三方资源库的建立方法

建立第三方资源库是为了收集、整理和存储各种资源，为用户提供便捷的查找和使用途径。以下是建立第三方资源库的方法。

一、明确资源库的目标和范围

首先确定资源库的主要目标和所涵盖的资源范围。资源可以包括文档、资料、软件、工具、图片、视频等，也可以涵盖特定主题或领域的资源。

二、收集资源

积极收集相关资源。可以通过互联网搜索、合作伙伴提供、用户提交等方式获取资源。

三、分类和整理资源

对收集到的资源进行分类和整理，建立起合理的分类体系。可以根据资源的类型、主题、用途等进行分类，以便用户快速找到所需资源。

四、确定资源描述和标签

为每个资源添加详细的描述和标签，包括资源的名称、作者、来源、格式、大小、更新日期等信息。这样可以增加资源的可搜索性和查找准确性。

五、建立数据库或平台

选择合适的数据库管理系统或建立专门的资源库平台，用于存储和管理资源信息。确保资源库的数据结构和查询功能能够满足用户的需求。

六、设立访问权限

根据需要，设立资源库的访问权限。可以是公开资源库，也可以是需要注册或付费访问的私密资源库。

七、设计用户界面

设计用户友好界面，使用户可以方便地浏览、搜索和下载资源。提供多种查找和筛选方式，提高资源利用率。

八、定期更新和维护

定期对资源库进行更新和维护，添加新资源，更新旧资源信息，确保资源的时效性和可靠性。

九、推广和宣传

积极推广和宣传资源库，吸引更多用户访问和使用。可以通过社交媒体、网站链接、合作推广等方式进行宣传。

十、收集用户反馈

定期收集用户对资源库的反馈和意见，了解用户需求和改进建议，不断完善资源库的功能和服务。

通过以上方法，建立一个高效、丰富且易于使用的第三方资源库，为用户提供更便捷的资源访问渠道，提高资源利用效率。

（三级）任务六　投入产出比的测算方法

一、投入产出比的定义

投入产出比是用于衡量投资项目的经济效益和回报率的指标。它表示投资项目所带来的回报与投入成本之间的关系，是投资回报与投资成本的比值。通常以百分比的形式呈现。计算公式为：

$$ROI=（投资回报-投资成本）÷投资成本$$

如果 ROI 为正数且数值较高，表示投资项目获得了较好的回报，具有较高的盈利能力和效率。如果 ROI 为负数，表示投资项目亏损。

二、不同宣传形式的投入与产出

在宣传中，不同形式的宣传方式会涉及不同的投入和产出。

① 广告宣传：广告宣传是通过付费的方式在媒体上发布广告，包括电视广告、广播广告、报纸广告、杂志广告、互联网广告等。投入主要包括广告位费用、制作费用等。产出通常是根据广告效果来衡量，如产品销售额的增加、品牌知名度的提升等。

② 社交媒体宣传：社交媒体宣传是利用各种社交媒体平台，通过发布内容、互动等方式来推广产品或品牌。投入主要包括社交媒体管理和运营成本。产出可以通过粉丝数量的增加、社交媒体互动的增加、转化率的提高等来衡量。

③ 公关活动：公关活动是通过与媒体、公众、利益相关者等建立良好关系，提高企业或产品的声誉和形象。投入主要包括公关活动策划和执行的成本。产出通常体现在媒体报道数量的增加、品牌认知度的提升、公众对企业的好感度等。

三、评估线上直播活动的数据指标

直播作为近几年新兴的带货渠道，被许多店铺所应用，特别在"618""双 11"等促销节日中，直播已成常态。我们从店铺的角度，通过分析以往的直播内容，来不断优化直播内容，提高曝光，从而提高店铺销售额，其次起到拉新、召回老客的作用。

基础指标：直播 GMV、直播参与人数、直播新客人数、直播老客人数、直播召回老客人数、直播退货退款金额、笔单价（单笔订单均价）、客单价、毛利率、退款率。

（一）效果如何

在进行分析之前，首先要确定该场直播的效果如何，若直播活动是亏钱的，就要考虑减少此类活动。

1. 从店铺的角度看 ROI 投入产出比，算一下直播活动对店铺产出和投入的细账

产出：①直播净利润；②拉新的价值；③召回沉默老客的价值。

投入：①主播坑位费及其他成本；②稀释老客的价值。

投入是此次直播所付出的成本——主播坑位费及其他成本，包括坑位费、商品运费、包装费、广告费、佣金、人工成本等。至于直播稀释老客的价值，举个例子，本来我用完纸巾准备再买，但我会等到有优惠的直播活动时再购买，因为直播活动的价格更优惠，表现出来就是老客的笔单价降低了，所以说稀释了老客的价值。如何量化这部分稀释老客的价值，可以计算剔除直播订单的老客的笔单价与含直播订单的老客的笔单价，二者的差值乘以人数就是稀释的老客价值。比如客户 A 剔除直播订单的笔单价是 18 元，含直播订单的笔单价是 13 元，该客户直播订单稀释的老客价值是 18-13=5 元。

产出则不仅包括当场直播的净利润（直播 GMV-退货退款金额），还包括直播新客的价值，以及召回沉默老客的价值。如何量化这部分新老客的价值，直播新客的价值=以往直播新客的复购金额×人数，直播召回老客价值=召回的老客以往的客单价×人数。比如假设召回的老客是 365 天没购买的，在直播时间段里，召回老客有 100 人，之前这批召回老客的客单价是 20 元，召回老客价值=20×100=2 000 元。

2. 举例说明

主播：小明同学

直播时间：2021-06-01 20：00：00—2021-06-01 22：00：00

直播 GMV：1 000 000 元

直播退货退款金额：500 000 元

直播参与人数：50 000

直播新客人数：10 000

直播老客人数：40 000

直播召回老客人数：5 000

假设这批召回老客之前购买的客单价为 25 元，直播新客后续的复购金额为 15 元。坑位费及其他成本为 200 000 元。剔除直播订单的老客的笔单价 30 元，含直播订单的老客的笔单价 22 元。

投入：坑位费及其他成本 200 000 元，稀释老客价值（30-22）×（40 000-5 000）=280 000 元。

产出：直播 GMV 1 000 000 元，直播新客价值 10 000*15=150 000 元，召回老客价值 5 000*25=75 000 元

ROI=产出/投入=（1 000 000-500 000+150 000+75 000）/（200 000+280 000）=1.51。ROI>1 说明该场直播的收益为正，投入 1 倍的成本能获得 1.51 倍的回报。评估直播活动效果模型如图 1-19 所示。

评估直播活动效果模型

基础指标	数值		对象	数据指标	数值	计算公式
GMV	1,000,000		活动	GMV	1,000,000	
退款金额	500,000			退款金额	500,000	
参与人数	50,000			减去退款后的利润	500,000	
直播新客人数	10,000		店铺	拉新价值	150,000	10,000×15=150,000元
直播老客人数	40,000			召回沉默老客价值	75,000	5,000×25=75,000元
直播召回老客人数	5,000			利润汇总	725,000	
直播召回老客之前购买的客单价	25		活动	直播坑位		
直播新客后续的复购金额	15			主播佣金		
剔除直播订单的老客的笔单价	30			平台佣金		
含直播订单的老客的笔单价	22			广告费	200,000	
				包装费		
				商品运费		
				其他（人工/外包等）		
活动时间：2021-06-01 20:00:00~2021-06-01 22:00:00			店铺	稀释老客价值	280,000	（30-22）×（40,000-5,000）=280,000元
				费用汇总	480,000	
				ROI	1.51	利润汇总-费用汇总
				利润	245,000	利润汇总-费用汇总

图 1-19

（二）是否合理

合理的 ROI 数值因行业、项目类型和市场环境等因素而异。一般来说，ROI 高于 100% 被认为是一个较好的投资回报，说明投资项目获得了两倍以上的回报。但 ROI 过高也可能表示数据不准确或未充分考虑风险。较低的 ROI 可能需要进一步优化宣传策略或调整投资方向。

因此，合理的 ROI 评估需要综合考虑多方面因素，包括投资项目的性质、市场竞争情况、投资周期、风险等。同时，进行 ROI 评估时需要确保数据的准确性和可靠性，以便作出科学和明智的决策。

习题

一、选择题

1.（多选）专业的摄影师拍自己想要的产品，在拍摄时需要（　　）。

　　A．开始拍摄之前，要仔细清洁产品

　　B．使用远摄镜头获得完美视角

　　C．利用光线，可以获得柔和，微妙的产品摄影外观

　　D．积极使用闪光灯

2.（单选）在百度上精准搜索"海南大学"，需要在搜索栏中输入（　　）。

　　A．"海南大学"　　　　　　　　　　　B．海南大学

C. 海南+大学+2022 　　　　　　　D. 海南一大学

3. （单选）产品描述的正规格式有（　　）部分。

A. 标题、关键词、正文 　　　　　B. 标题、关键词、署名

C. 关键词、正文、署名 　　　　　D. 标题、正文、署名

4. （多选）视频推广包括（　　）。

A. 思路确定　　B. 视频制作　　C. 视频上传　　D. 视频推广

5. （单选）用来改善与客户的关系的系统是（　　）。

A. CRM　　　　B. SRM　　　　C. 客户关系管理　　D. 供应商关系管理

二、问答题

1. 国内常见的搜索引擎有哪些？
2. 简述直播活动宣传计划的具体步骤及详细内容。
3. 外部推广的主要方式有哪些？
4. 阐述品牌电商、平台电商入驻平台的具体环节。

| 项目二 |

设备、软件和材料准备

【项目导读】

选品员是一场成功直播的关键角色，除了拥有充足的软性知识储备，掌握硬件设备的安装调试和软件的下载使用更是必不可少。设备、软件和材料的准备是所有直播销售员的基石，缺一不可。在没有这些媒介支撑的情况下，直播销售员将难以展开工作。因此，我们必须重视每一个细节，包括出镜者的形象塑造和样品道具在活动中的巧妙搭配及使用技巧。只有将细节把控到位，营销活动才能达到事半功倍的效果。

本项目将介绍软件下载和安装方法、直播样品收集方法、样品库的盘点方法及出入库管理制度的建立方法等知识，同时，介绍样品道具在活动中的搭配使用技巧及道具采购要求。

【项目目标】

1. 能下载安装直播软件
2. 能按照直播计划准备直播样品
3. 能盘点样品库
4. 能制订样品（道具）搭配计划
5. 能建立样品出入库管理制度
6. 能制订道具采购计划

（五级）任务一　软件下载安装方法

一、软件下载方法

（一）通过浏览器下载

以下以微信为例，讲述详细步骤。

① 双击鼠标左键打开浏览器。

常见的电脑浏览器如图 2-1 所示。

IE 浏览器 　　　　　　　　　　　360 浏览器

图 2-1

② 在浏览器的搜索栏输入软件的名称，如图 2-2 所示。

图 2-2

③ 通过搜索引擎找到软件的官网下载链接，单击"立即下载"按钮，如图 2-3 所示。

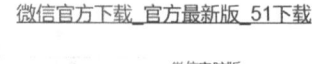

图 2-3

④ 单击立即下载后，电脑会弹出安装包保存的位置选择，自行选择保存，此处选择本地磁盘（C：）如图 2-4 所示。

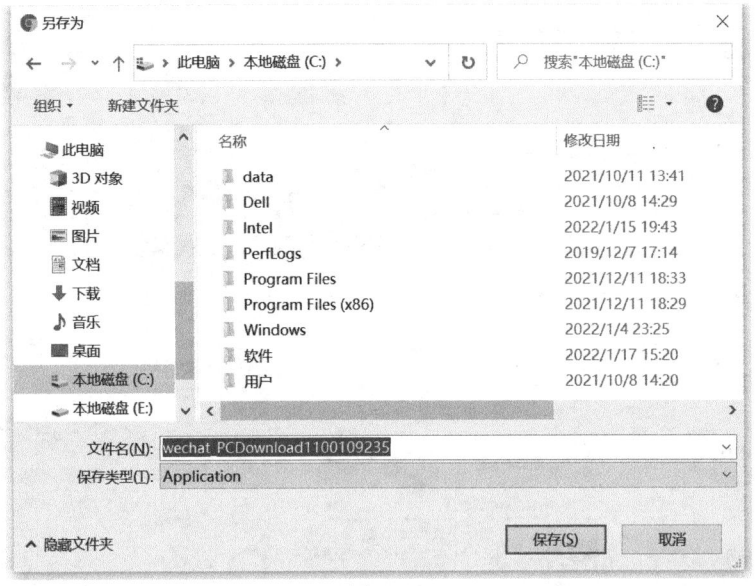

图 2-4

⑤ 下载完成后是一个.exe 后缀的文件，打开下载的路径，双击安装即可。

（二）通过电脑管家或软件管家下载

此处以腾讯电脑管家安装抖音为例，详细步骤如下。
① 双击打开腾讯电脑管家。
② 找到软件管理，并单击按钮，如图 2-5 所示。

图 2-5

③ 进入软件管理界面，找到搜索栏，如图 2-6 所示。

图 2-6

④ 在搜索框输入搜索目标并下载软件，如图 2-7 所示。

图 2-7

⑤ 单击"安装"按钮，如图 2-8 所示。

图 2-8

⑥ 勾选同意"抖音"用户服务协议和隐私政策，单击"一键安装"按钮即可，如图 2-9 所示。

图 2-9

二、手机软件下载方法

1. 找到 App Store，或"应用商店"。

① 苹果系统：找到 App Store，然后单击进去，如图 2-10 所示。

图 2-10

② 安卓系统：找到"应用商店"，然后单击进去，如图 2-11 所示。

图 2-11

2. 找到搜索栏，搜索目标下载软件

① 苹果系统：在右下角单击搜索进入搜索栏，如图 2-12、2-13 所示。

图 2-12 　　　　　　　　　　　　　　图 2-13

② 安卓系统：直接单击上方搜索栏进行搜索，如图 2-14 所示。

图 2-14

3. 进入搜索界面后在输入框中输入要下载的软件
① 苹果系统：以下载抖音为例，如图 2-15 所示。

图 2-15

② 安卓系统：以下载抖音为例，如图 2-16 所示。

图 2-16

4. 然后单击获取或下载
① 苹果系统：如图 2-17 所示。

图 2-17

② 安卓系统：如图 2-18 所示。

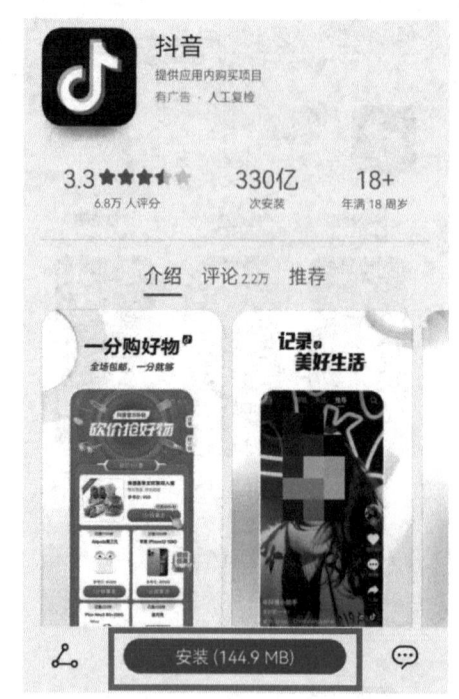

图 2-18

5. 最后回到主屏幕登录便完成下载及安装

（五级）任务二　　直播样品搜集方法

主播在直播当天推荐的产品，都是提前进行过试用和测评的，如果质量不达标是不会进行售卖的。而选品的时候，基本都是样品。那直播的样品该怎么搜集呢？一是要看是什么商品，二是要看是什么性质的直播。

一、自营店铺直播样品搜集方法

一般来说，自营店铺的样品就是自家店铺里的商品，这种性质的商品一般都是可以免费获得的。如图 2-19 所示。

图 2-19

二、主播带货直播样品搜集方法

如果是带货直播，就是由合作商提供所需要直播的商品。

其实，通常在选品的时候，都会有商家联系主播或者是主播可以直接找到商家的店铺联系对方，然后对方会寄送样品给直播的主播试用。当然样品也不都是免费的。有部分样品播完之后还要还给卖家。部分商品很贵重，不可能会送给直播的主播，直播完之后还需要将剩余样品邮寄给卖家。如图 2-20 所示。

图 2-20

没有店铺的直播，可以通过下面 3 种方式来获取样品。

① 淘宝联盟——搜索有佣金的宝贝联系卖家制订定向计划，卖家邮寄样品做直播店铺商品。淘宝联盟主页如图 2-21 所示。

图 2-21

② 阿里 v 任务接单——查看需要直播的任务，如图 2-22 所示。

③ 任务接单。在任务里查看需要直播的任务，进行申请，然后去完成销售，从中获取提成。

图 2-22

（四级）任务三　样品库的盘点方法

一、常见的几种盘点方法

（一）动态盘点

动态盘点指核对处于动态商品（即发生过收、发作业的商品）的余额是否与系统相符。动态盘点有利于及时发现差错并及时处理。推荐使用 RF 盘点。PF 盘点（RF 盘点机又称为 RFID 手持机、RFID 手持终端，通过射频识别技术读取标签信息，来进行信息的采集与录入。RF 盘点机可实现远距离、非接触、多标签识别，提高货物处理与交接速度，适用于物流仓储、生产管理、服装零售、追溯管理等领域）

（二）循环盘点

循环盘点指周而复始地连续盘点库存商品，每天、每周按照顺序一部分一部分的进行盘点，保证在计划期间内每项商品都要完成一次盘点。循环盘点是保持存货记录准确性的可靠方法。表单、RF 盘点皆可。

（三）期末盘点

期末盘点指在期末对所有库存商品进行数量清点。必须关闭仓库做全面的商品清点，因此对商品的核对十分全面和准确，可以避免在盘点中出现错误，简化存货的日常核算工作。推荐使用表单盘点。

（四）重点盘点

重点盘点指对进出频率高，易损耗的，或昂贵的货品所使用的一种盘点方法。

（五）全面盘点

全面盘点指对在库商品进行全面的盘点清查，多用于清仓查库或年中、年终盘点。

（六）ABC 盘点

ABC 盘点指运用 ABC 分类思想，对仓库商品根据出货周转率、价值划分为 ABC 三类商品：A 类为周转快、价值高，做到日盘；B 类周转一般、价值一般，做到周盘；C 类周转慢、价值低，做到月盘。ABC 盘点融合了重点盘点、循环盘点的特点。

（七）临时盘点

临时盘点指突击性盘点，根据临时情况如客户要求进行临时盘点。

二、盘点作业流程

（一）表单盘点

表单盘点流程图如图 2-23 所示。

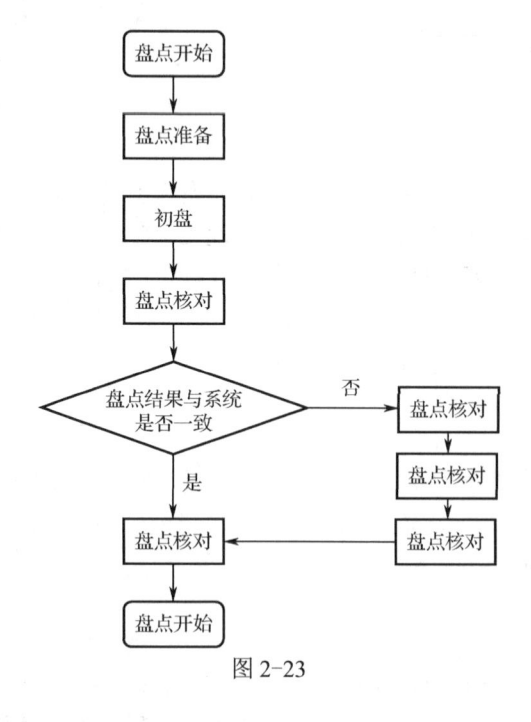

```
盘点开始
  ↓
盘点准备
  ↓
初盘
  ↓
盘点核对
  ↓
盘点结果与系统 —否→ 盘点核对
是否一致            ↓
  ↓是            盘点核对
盘点核对 ←————— 盘点核对
  ↓
盘点开始
```

图 2-23

表单盘点作业流程关键步骤说明如下。

1. 盘点准备

① 制作盘点计划，确定盘点程序和盘点方法。
② 安排盘点人员。
③ 打印准备盘点登记表、盘点表、异常登记表。
④ 准备盘点工具。

⑤ 清理仓库。

2. 初盘

由各初盘人员先清点所负责区域的货品，将清点结果填入盘点表，并在盘点表上签字。

3. 盘点核对，统计差异

核算员负责将数据录入电子表格中，通过数据透视，对比盘点数与系统数。如果数据一致则确认盘点数；如果不一致，筛选出差异，打印复盘表进行复盘。

4. 复盘

盘点人员根据复盘表对盘点差异进行复盘，用以确认差异，并在复盘表上签字。

5. 盘点结果处理

仓库主管核对财务信息与盘点信息是否一致，若不一致，进行差异统计，核查差异原因，并修改财务信息。

6. 盘点确认

盘点结果处理完毕，仓库主管签字确认，并撰写盘点报告。

三、盘点报告

（一）盘点计划

1. 盘点目的

核对仓库现有实物库存与系统库存、客户库存是否一致，货物状态是否完好，确保库存、库位准确率。

① 盘点对象。
② 盘点时间。
③ 盘点方法、盘点形式（表单盘点、RF 盘点）。
④ 参盘人数。
⑤ 盘点组织。

2. 人员安排

① 总负责人。
② 现场负责人。
③ 数据录入整理。
④ 异常处理。
⑤ 盘点人。

（二）盘点结果

通过表格将相关数据整理出来，再作比较，更加直观地查看盘点的差异。

（三）盘点差异原因分析

盘点差异产生的原因是多方面的，可能是仓库日常管理出现差错，也可能是盘点人员盘点有误。因此，出现盘点差异时，可以按照以下程序追查原因。

① 检查盘点记录。确定盘点差异是否由盘点工作中的计数差错或记录差异造成的。

②询问盘点人员。确定其是否有不遵循盘点步骤，或有漏点、复点等情况的发生。

③复核库存账目和各环节的作业记录。通过复核库存账目及记录凭证，检查记录过程中是否有无凭据记录、重复记录、记录差错等情况。

④确定差异原因。如果经过以上步骤，发现均不是产生差异的原因后，则可以判断是由于盗窃、丢失、贪污等原因产生的库存差错。仓库在以后管理工作中，应该加强安保措施。

四、盘点差异处理

①由于人为盘点操作不规范导致的盘点差异，可通过再次复盘解决。

②由于账务制度造成的盘点差异，由主管部门调整和完善账务制度。

③由于库位混乱造成的差异，可以通过库位调整解决。

④由于货物状态造成的差异，可以通过调整状态来解决。

⑤盈亏差异。如果出现盘盈，及时上报领导，根据实际情况作出增加库存，或者统计在账，加强保管，保证以后账务处理。如果出现盘亏，判断盘亏原因：对于发错货的，公司应予以相关责任人适当处罚，并及时查找追回货品；对于因管理不善而丢失货品则公司应及时与客户沟通，以赔偿等方式来解决问题。

⑥分析盘点产生差异的原因并制订对策，请上级主管部门就盘点差异的处理方法进行批示。

五、盘点质量考核

评价盘点作业的指标有很多，在此只列举几种常用的，如盘点数量误差、盘点数量误差率，盘点品项误差率等。具体内容如下。

盘点数量误差=实际库存数-账面库存数

盘点数量误差率=盘点数量误差÷实际库存数×100%

盘点品项误差率=盘点品项误差数÷盘点实际品项数×100%

六、盘点经验总结

①总结此次盘点的方法和程序是否妥善、有效、合适。

②总结此次盘点人员安排是否到位、培训是否有效，盘点指标考核是否达标。

③总结此次盘点过程中出现的新情况，新方法。

④总结通过盘点是否达到了盘点目标，差异是否得到了有效处理。

⑤总结此次盘点的不足，提出改进意见，提炼盘点经验和方法，指导日后盘点作业。

（四级）任务四　样品（道具）的搭配方法

在直播中，适当使用道具，能帮助学员弥补无法触碰到实物导致的信息偏差；也可以让直播间显得不那么呆板无聊，提升互动率。下面介绍四类直播销讲常用的道具。

一、板书

高水平的讲师都喜欢用板书。一是因为板书有交互性,特别方便与用户做互动。二是因为板书能激发讲师的教学灵感,讲师在书写的过程中可能会产生新的想法。好的板书还具有传播性,学员会拍照传到网上。线上直播时,用户可以截屏发朋友圈,更加方便。

二、手绘+道具板

可以在白板上画图,也可以事先在小道具板上画好,或者打印在A4纸上,直播时直接展示。还有的讲师直接真人出镜,现场边画边讲,直播效果很好。

三、实物展示

在直播销售中,是必须有产品实物作为道具的,还可以让用户直接去现场体验。线上没法让用户直接体验产品,但是在镜头前展示,大部分情况下还是可以做得到的。

四、活用平板电脑

有时候不方便使用实物,或者实物不足以呈现最佳视觉效果,就可以用道具板、图片和平板电脑。例如用平板电脑展示秀色可餐的食物照片,把购买好评列在道具板上等,都可达到一定的传播效果。

(三级)任务五　出入库管理制度的建立办法

一、建立出入库管理制度的具体步骤

建立出入库管理制度是为了规范物资或样品的进出流程,确保库存的安全和有效管理。以下是建立出入库管理制度的一般步骤和办法。

(一)明确责任与权限

确定负责出入库管理的责任人,并明确其权限范围。责任人应对库存的安全负责,并有权对出入库操作进行监督和审核。

(二)制订管理流程

设计出入库管理流程,包括物资或样品的申请、审批、登记、出库、入库等环节。确保流程合理,便于操作和监管。

(三)登记制度

建立物资或样品的登记制度,包括出库登记和入库登记。每一次出入库都要有相应的登记记录,包括日期、物品名称、数量、出入库人员等信息。

（四）库存盘点

定期进行库存盘点，核实实际库存与系统库存数据是否一致，发现差异及时调查原因并进行调整。

（五）物品标识

对物资或样品进行明确的标识和编码，以便快速辨认和管理。

（六）安全措施

制订库存物资或样品的安全保护措施，保障库存的安全和完整。例如，保管重要物品的专用储存区，设立存储防火、防盗措施等。

（七）出入库审批

出入库操作必须经过审批，确保出入库操作的合理性和准确性。

（八）库存报警

设置库存预警机制，当库存数量低于一定阈值时，及时发出警报，提醒进行补充采购或调拨。

（九）定期检查和评估

定期对出入库管理制度进行检查和评估，发现问题及时进行改进和优化。

（十）培训与沟通

培训相关员工，确保他们了解明晰出入库管理制度，并与相关部门进行沟通与协作。

建立出入库管理制度方法应根据组织的特点和需求进行具体设计。重要的是确保制度的科学性和实施性，使出入库管理变得有序、高效和安全。同时，定期检查和优化制度，适时改进，以确保其持续有效。

二、出入库管理制度文件编写方法

编写出入库管理制度文件需要综合考虑组织的需求、操作流程和管理目标。以下是编写出入库管理制度文件的一般步骤和内容。

（一）文件标题和目的

在文件的开头，明确文件的标题，如"出入库管理制度"或"物资样品出入库管理规定"，并简要说明文件的目的和重要性，即确保物资或样品的进出流程规范、安全和有效。

（二）适用范围和适用对象

确定该制度适用的范围和对象。例如，是适用于整个公司，还是适用于某个部门或某个项目。

（三）责任和权限

明确负责出入库管理的责任人和相关人员的权限范围。责任人应负责监督和管理出入库操作，其他相关人员需要遵守制度的规定和流程。

（四）定义和术语解释

对于一些特定的术语和定义，应对其进行解释和说明，以便读者理解和应用。

（五）出入库流程

详细描述物资或样品的出入库流程，包括申请、审批、登记、出库、入库等各个环节的步骤和操作要求。

（六）出入库登记

确定出入库的登记要求，包括登记的内容、登记的方式（如手工登记或电子登记）、登记的时间等。

（七）安全措施

列举保障库存安全的措施，包括储存、保管、防火、防盗等安全要求。

（八）盘点和审计

规定库存盘点的频次和方式，并强调对库存进行定期审计，核实库存的准确性。

（九）出入库审批

定义出入库操作必须经过审批规定，包括审批的流程、审批的人员和要求。

（十）库存报警机制

设定库存预警机制，当库存数量低于一定阈值时，需要发出报警，并及时采取补充措施。

（十一）培训和沟通

强调对相关人员进行培训，确保他们了解明晰出入库管理制度，并与相关部门进行沟通与协作。

（十二）附则

对于一些特殊情况或需要额外说明的事项，可以在附则中进行具体说明。

编写出入库管理制度文件时，应确保文字简练明了，排版清晰，便于读者理解和操作。同时，要经过相关部门和人员的审阅，确保制度的合理性和实施性。一旦文件完成，应及时进行发布和宣传，让相关人员熟悉并执行该制度。定期检查和优化制度，确保其持续有效。

（三级）任务六　道具采购要求

一、采购要求

道具采购是直播销售活动中重要的一环，确保道具的品质和适用性可以增强直播节目的吸引力和专业性。以下是道具采购的一般要求。

（一）与节目内容相符

道具采购应与直播节目的内容和主题相符。确保道具能够有效地展示产品特点，提升直播节目的趣味性和吸引力。

（二）质量可靠

选购高质量的道具，确保其安全可靠，不会在直播过程中出现故障或损坏。

（三）视觉效果优异

道具应具备良好的视觉效果，吸引观众目光，使直播节目更加生动有趣。

（四）环保健康

选择环保材料制作的道具，确保道具不含有害物质，对人体和环境无害。

（五）易于搭建和拆卸

道具的设计应简单易用，方便搭建和拆卸，减少准备时间并确保节目流程的顺畅性。

（六）多功能性

道具要选择具有多功能的道具，可以在不同场景和直播节目中灵活使用，提高道具的利用率和经济性。

（七）耐用性

道具应具备较强的耐用性，经久耐用，不易损坏，减少频繁更换和维修的成本。

（八）合理预算

根据实际预算情况，合理选购道具，确保采购费用在可承受范围内。

（九）供应商信誉

选择信誉良好的供应商，确保道具的质量和服务有保障。

（十）符合法律法规

道具采购应符合相关法律法规和质量标准，避免购买假冒伪劣产品。

（十一）及时交付

确保道具供应商能够按时交付道具，避免影响直播节目的准备和进行。

（十二）售后服务

选购道具时考虑供应商的售后服务，确保有问题时可以及时得到解决。

二、直播销售产品的选择技巧

在选择直播销售产品时，应考虑以下 6 个方面的因素。

（一）产品外观

选择产品时应尽量选择外观较好、设计感较强的产品。这样的产品更能够吸引消费者的关注，更容易使消费者产生购买意愿。

（二）产品品质

信誉对直播销售至关重要，选择产品时应注重产品的品质。例如，产品已经具有权威机构认证，或者已经在业内获得较好的口碑。

（三）产品复购率

选择复购率较高的产品，如零食、日用品、化妆品等快消品，如果可以让消费者获得较好的购物体验，消费者将会提高购物频次，从而提高他们的活跃度。

（四）产品运输

在选择产品时应当选择相对容易运输且不易破损的产品，从而让消费者获得良好的购物体验，以此奠定消费者反复购买的基础。

（五）产品市场

选择产品时可以优先考虑其他直播账号销售成果较好的产品，通过跟卖提高自身成交量。

（六）消费需求

在选择产品时还需要充分考虑粉丝的消费需求，以稳固直播粉丝群体。例如，可以通过评论、留言、私信、直播中询问、在公众号设置"产品许愿"版块等方式获取粉丝的消费需求。

综合以上要求，根据实际直播节目的需求和预算，选择合适的道具供应商，进行道具采购。定期检查和维护道具，确保其保持良好的状态和效果。道具采购是直播节目成功的重要一环，合适的道具可以增强直播节目的专业性和吸引力，帮助吸引更多的观众和客户。

习题

一、判断题

1. 电脑软件可以通过浏览器和软件管家下载。（ ）

2. 直播样品的搜集，一是要看是什么商品，二是要看是什么性质的直播。（ ）

3. 样品库的盘点方法有且仅有动态盘点、循环盘点、期末盘点、重点盘点四种方法。（ ）

4. 通常，在直播间销售的产品根据其销量、利润率，在直播产品策略中的作用等可以被分成不同的类型，直播团队可按照引流款商品、跑量款商品、利润款商品来进行选择搭配。（ ）

二、简答题

1. 如何通过手机下载直播软件？
2. 请简述盘点准备工作内容。
3. 请简述出入库管理制度的建立办法。
4. 在选采购产品时需要考虑哪些方面的因素？

| 项目三 |

风险评估

【项目导读】

对于企业来说，企业的风险评估是非常重要的，通过企业的风险评估，可以确定企业的风险承受能力，同时也可以有利于自己从银行获得贷款。在进行互联网营销活动时，我们可能会遇到一些突发情况，最常见的是遇到断电断网的故障，作为非技术人员我们可以学会辨别故障发生的常见原因，在短时间内使活动恢复正常运行。互联网营销活动兴起时间较短并且发展得又十分迅速，涉及的体量庞大，所以对于法律法规的熟悉是非常有必要的，我们要及时判断营销过程中可能遇到的法律、法规风险，在合法范围内运作。

本项目将从互联网营销中的风险评估入手，介绍断网、断电等简单故障的解决方法，讲解营销过程中法律、法规的风险判断方法，了解团队协作风险的预判方法，进而学习风险应对计划的制订方法。

【项目目标】

1. 能提出断网、断电等简单故障的解决方法
2. 能判断营销过程中法律、法规风险
3. 能评估团队协作风险
4. 能制订并执行风险应对计划
5. 能制订风险管理奖惩制度
6. 能评估风险防控方案的时效性

（五级）任务一　断网、断电等故障的解决方法

一、电脑无法上网的原因分析及解决办法

在使用电脑的时候我们经常会遇到连不上网，断网等情况。电脑网络故障大致可以分为以下四种：运营商问题、硬件问题、电脑网络设置问题、网卡驱动问题。

（一）运营商问题

在电脑连不上网之后，我们首先看下光纤猫、路由器等网络设备是否通电正常运行，光纤猫指示灯状态如图3-1所示。如果都检查了没问题，那么有可能是运营光缆线路问题，或宽带欠费，我们需要联系当地运营商进行确认。

在路由器设置没有问题的情况下，我们可以通过路由器工作时的指示灯含义判断路由器的故障。如图3-2所示。

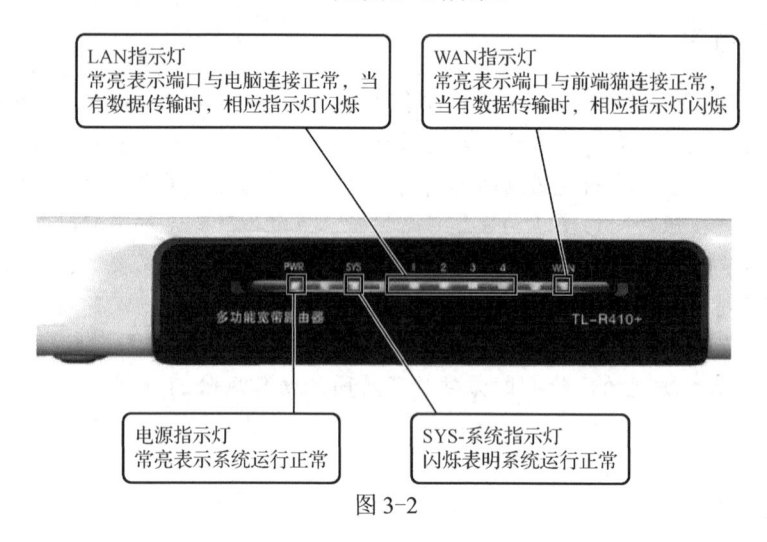

图3-1

LAN指示灯
常亮表示端口与电脑连接正常，当有数据传输时，相应指示灯闪烁

WAN指示灯
常亮表示端口与前端猫连接正常，当有数据传输时，相应指示灯闪烁

电源指示灯
常亮表示系统运行正常

SYS-系统指示灯
闪烁表明系统运行正常

图3-2

路由器指示灯通常可以分为四类，分别是电源指示灯、SYS系统指示灯、LAN指示灯、WAN指示灯，这四个指示灯含义见表3-1。

表3-1 光纤猫和路由器故障排除

品　类	指示灯	含　义	正常状态	故障状态
光纤猫	PON数据灯	光纤猫终端是否与光纤数据网络已经成功建立连接	常亮	闪烁/熄灭
	LOS指示灯		熄灭	闪烁/常亮
路由器	电源指示灯	路由器是否通电	常亮	熄灭
	SYS系统指示灯	路由器的工作状态指示灯	闪烁	熄灭/常亮
	LAN指示灯	接口是否与电脑连接	常亮	熄灭
	WAN指示灯	外部宽带线信号指示灯	常亮/闪烁	熄灭

（二）硬件问题

硬件问题主要是一些网络设备出现故障，常见的网络设备有：光纤猫、路由器、交换机、网卡、无线网卡、网线等。

① 手机可正常上网，但电脑网络连接显示红色叉叉时，我们需要第一时间检查电脑和路由器之间的网线是否松动，是否被压断。

② 如果有线和 Wi-Fi 都无法连接上网，我们可以检查一下光纤猫、路由器的网线连接是否松动，重新插拔下连接线。

（三）电脑网络设置问题

设置问题主要是路由器配置错误和电脑网络设置不正确导致电脑无法上网。

1. 路由器配置问题

这个问题主要出现在新装宽带或者更换路由器的时候，现在光纤猫 LAN 口都是可以直接上网的，使用网线直接连接路由器和电脑，测试正常，说明路由器配置出现了问题，我们需要检查路由器配置。

2. 电脑本地连接或者无线网络连接被禁用

打开"网络共享中心"——"更改适配器设置"，启用被禁用的"本地连接"或者"无线连接"就可以了。

（四）网卡驱动问题

在排除完硬件及网络设置，网络本身没有问题后，电脑仍无法上网，则可能是网卡驱动的问题，检查网卡驱动的方法如下。

① 开始菜单——运行（或者使用 win+R），打开"运行"输入 devmgmt.msc，回车确定打开设备管理器。

② 右击我的电脑，打开设备管理器。

查看网络适配器是否有黄色感叹号，如果有的话我们需要安装或者更新一下网卡驱动。可以在有网络的电脑上下载驱动精灵万能网卡版，用 U 盘复制到有问题的电脑上安装检测下。

二、电脑断电原因分析及解决办法

（一）软件问题

1. 病毒破坏

比较典型的就是曾经对全球计算机造成严重破坏的"冲击波"病毒，发作时还会提示系统将在 60 秒后自动启动。对于是否属于病毒破坏，我们可以使用最新版的杀毒软件进行杀毒，一般都会发现病毒是否存在。对于不容易清除的"木马病毒"，最好重新安装操作系统。

2. 系统文件损坏

当系统文件被破坏时，系统在启动时会因此无法完成初始化而强迫重新启动。对于这种故障，因为无法进入正常的桌面，只能覆盖安装或重新安装。

3. 定时软件或计划任务软件起作用

如果在"计划任务栏"里设置了重新启动或加载某些工作程序时，当定时时刻到来时，计算机也会再次启动。对于这种情况，我们可以打开"启动"项，检查有没有自己不熟悉的执行文件或其他定时工作程序，将其屏蔽后再开机检查。

（二）硬件问题

1. 市电电压不稳

一般家用电脑的开关电源工作电压范围为170～240V，当市电电压低于170V时，电脑就会自动重启或关机。对于经常性供电不稳的地区，我们可以购置UPS电源或130～260V的宽幅开关电源来保证电脑的稳定工作。

2. 主机开关电源的市电插头松动

这种情况一般出现在DIY机器上，主机电源所配的电源线没有经过3C认证，与电源插座不配套。当我们晃动桌子或触摸主机时就会出现主机自动重启的情况，解决方法是更换优质的3C认证电源线。

3. CPU问题

CPU内部部分功能电路损坏，二级缓存损坏时，计算机也能启动，甚至还会进入正常的桌面进行正常操作。但当进行某一特殊功能时就会重启或死机，如画表，播放VCD，玩游戏等，可以直接用好的CPU进行替换排除。

4. 接入外部设备时自动重启

这种情况一般是因为外设有故障，如打印机的并口损坏，某一脚对地短路，USB设备损坏对地短路，网卡做工不标准等，当我们使用这些设备时，就会因为突然的电源短路而引起电脑重启。

（五级）任务二　营销过程中法律、法规的风险判断方法

一、电商企业建设与运营过程中的法律风险点

为了电子商务网络服务能够合规有序运营，首先需要了解电商企业的整个服务操作流程，以发现其中的问题和关注点，对可能出现的法律风险进行把控。电子商务建设与运营一般流程为：电商企业工商税务设立→网站设计→域名申请→行政备案/审批→网站营销/网络营销→网站管理与维护→电子合同签署→线上支付→物流配送→与客户关系处理（售后及纠纷解决），电子商务实务操作中所涉法律风险主要有以下内容。

（一）网站设计

电商企业设立并开展业务，首先要有进行操作的网络交易平台，电商企业在预定平台开发、网站设计过程中，需要及时对委托开发事项及权利归属进行约定。根据《中华人民共和国著作权法》第十七条"受委托创作的作品，著作权的归属由委托人和受托人通过合同约定。合同未作明确约定或者没有订立合同的，著作权属于受托人"，以及《计算机软件保护条例》第十一条"接受他人委托开发的软件，其著作权的归属由委托人与受托人签订书面合同约定；无书面合同或者合同未作明确约定的，其著作权由受托人享有"的相关规定，如受委托制作的网站预订系统没有明确约定权利归属，著作权归于受托人即网站程序开发者所有。

（二）域名申请与维护

电商企业通过互联网开展业务，对所开发的网站进行运营须拥有合法的网站域名、空间，应加强对电商企业域名使用权的保护，以预防域名抢注和变异的发生。对此，最高人民法院出台了《关于审理涉及计算机网络域名民事纠纷案件适用法律若干问题的解释》，为解决此类域名纠纷提供了基本法律依据。

（三）行政备案/审批事项

电商企业开展网上业务须进行行政备案或审批，应依法根据《互联网信息服务管理办法》等相关规定进行备案或审批。此外，电商行业如涉及增值电信业务，须特殊许可或备案项目（如医疗保健、药品和器械信息服务、网络文化经营），外商投资电信等应提前获得许可。电商企业需根据实际情况进一步了解管理部门并确认其经营类型，以及时办理相关证件或进行备案，以免未获得许可或超许可范围而受到有关部门的处罚，对其网上业务造成不良影响。

（四）网站/网络营销

电商企业开展网络营销经营活动会产生很多网上交易的风险和不安全因素，除了互联网操作系统、软件等存在的安全技术风险，交易双方的信用风险应该说是网络营销发展中的最大障碍。网络营销是基于交易双方相互信任在虚拟空间中进行的，但在网络用户匿名性的特点下，可能存在用户虚假下单、用户使用信用卡恶意透支，或者以其他方式骗取企业产品、拖欠货款等风险，而电商企业将不得不承担这种风险。

（五）网站内容管理

电商企业作为服务提供者应提供规范化的网上交易服务，建立较完善的管理制度和交易秩序。对系统安全及平台信息进行监督和维护；广告和信息的披露应合规合法；不损害用户利益，保障消费者的权益；对于电商企业的商业秘密或者用户信息的数据资料信息应采取必要措施进行保护，对于电商企业、第三方的知识产权保障方面应制订相关制度等。网站内容是电子商务进行交易的基础，以上的内容在电商企业运营过程中都可能会出现法律风险，电商企业应在建设网站之初确立完善的规章制度，并在网站实际运行过程中不断加以完善以降低风险。

（六）电子商务合同中的法律问题

电子商务合同的内容可能与其他类型合同并无本质区别，但是沟通媒介不同导致其具有自身的一些特点。根据《中华人民共和国民法典》（简称《民法典》）的规定，当事人订立合同，可以采用书面形式、口头形式或者其他形式。同时《民法典》将数据电文纳入"书面形式"之内，规定"书面形式是合同书、信件、电报、电传、传真等可以有形地表现所载内容的形式。""以电子数据交换、电子邮件等方式能够有形地表现所载内容，并可以随时调取查用的数据电文，视为书面形式。"所以电子商务合同属于法律认可的合同形式，电商企业经营时的电子商务合同涉及技术支持、商务合作、市场营销、认证服务合同等。但是，电子商务合同的关键问题在于需保留相关的数据证据，同时需能确定合同双方的身份和合同的具体内容。另外，部分电子商务合同通常是以网站运营方提供的合同版本为基础，本质上是一种格式合同或合同中存在大量的格式条款。此类的合同内容有可能被认定为"霸王条款"而难以如合同提供方（即电商企业）所期待的那样保障其利益。

此外，电商企业对于网络支付的交易安全、供货、电子证据保存及与电商企业被欺诈交易应加以注意，对于电商企业的售后及纠纷、未尽保密义务产生的纠纷、消费者权益纠纷、侵害他人知识产权纠纷、运输合同纠纷等也是时有发生的，并需及时关注加以解决的。

二、"直播带货"行为主要存在的法律风险及防范建议

"直播带货"并不是一个单一的法律行为，其可能涉及例如买卖合同的民事法律关系、价格监管的行政法律关系、发布虚假广告情节严重的刑事法律关系等多重法律关系，对于直播营销行为主要存在的法律风险可从民事、行政和刑事三个方面进行梳理和分析。

（一）"直播带货"行为的法律风险

1. 民事法律风险

① 侵犯消费者合法权益的民事责任风险。依据《消费者权益保护法》等法律规定，商家如果欺骗、误导消费者，提供的产品或服务与直播网络购物合同约定不一致，侵害了消费者的合法权益，则应当承担修理、更换、退货、退款、赔偿损失等违约责任。若主播在直播过程中对产品或服务做出承诺，其也应在承诺的范围内与商家一起承担连带责任。

② 构成不正当竞争行为的民事责任风险。"直播带货"中出现的虚假宣传、欺骗和误导消费者等不正当竞争现象已经引起了社会的广泛关注。依据《反不正当竞争法》，商家作为商品经营者，不得对其商品的性能、功能、质量等作虚假或者引人误解的宣传、欺骗、误导消费者。如果商家违反规定，给消费者造成损害的，应当依法承担赔偿损失等民事责任。

③ 侵犯知识产权的民事责任风险。商家、主播等有时为了产品或服务的销售量能快速增长，会在"直播带货"过程中销售仿冒其他知名品牌商标的产品，这种"搭便车"的行为不仅误导了消费者、侵害了消费者的知情权，而且也严重侵害了他人的商标权。针对"直播带货"中侵犯知识产权的问题，相关主体应依据《中华人民共和国商标法》等法律规定承担赔偿责任。

2. 行政法律风险

① 电子商务违法行为的行政责任风险。《中华人民共和国电子商务法》对电子商务平台经营者等相关主体的法律义务和责任做了规定。例如，直播平台作为电子商务平台经营者，不仅应当审查商家的相关经营资质，而且应当定期核验更新等。如果直播平台未履行审核义务，就属于电子商务违法行为，将面临市场监督管理部门的行政处罚。

② 广告违法行为的行政责任风险。广告以虚假或者引人误解的内容欺骗、误导消费者，构成虚假广告。依据《中华人民共和国广告法》规定，发布虚假广告除应对消费者承担民事责任外，商家、主播等营销主体还应承担缴纳罚款、停业整顿等行政责任。

③ 价格违法的行政责任风险。商家、主播等在直播中采用虚假的或者使人误解的价格手段诱骗消费者进行交易，例如先抬高售价后再故意进行"限时折扣"等方式。针对"直播带货"活动中的价格违法问题，商家、主播应依据《中华人民共和国价格法》等法律规定承担限期改正、罚款、停业整顿等行政责任。

3. 刑事法律风险

在当前，国家严厉打击"直播带货"行业乱象的形势下，《关于加强网络直播营销活动

监管的指导意见》提出,要加大案件查办工作力度,一旦发现违法行为涉嫌犯罪的,应及时移送司法机关。因此,相关营销主体应当重视"直播带货"中可能涉及的刑事法律风险。"直播带货"常见的刑事罪名如下。

① 虚假广告罪。广告主、广告经营者、广告发布者违反国家规定,利用广告对商品或服务作虚假宣传,情节严重的,构成虚假广告罪。虽然刑法条文未将广告代言人即主播列为虚假广告罪的犯罪主体,但如主播的身份与广告主或广告经营者的身份存在重合,又或者与法律规定的犯罪主体串通、共同实施虚假广告行为,其就可能会以虚假广告罪被追究刑事责任。当然,有些时候,主播的行为虽然客观上做了不真实的广告宣传,但不具有主观故意欺骗的意图,不能以本罪论处,需要具体案情具体分析。

② 销售假冒注册商标的商品罪。销售假冒注册商标的商品罪,从犯罪行为上看包括两个具体行为,即假冒注册商标的行为和销售假冒注册商品行为。本罪不仅侵犯了消费者的合法权益,更是侵犯了他人商标专用权,扰乱了社会市场经济秩序。"直播带货"活动中,常常有商家、主播等销售假冒注册商标的商品且非法获利金额巨大,极易构成本罪。

③ 生产销售假药、劣药罪。《最高人民法院、最高人民检察院关于办理危害药品安全刑事案件适用法律若干问题的解释》第八条规定,明知他人生产、销售假药、劣药,仍提供广告宣传等帮助行为的,以生产销售假药、劣药罪共犯论处。在直播营销行为中,如果商家、主播等销售所含成分与国家药品标准规定成分不符的药品,可能会构成生产销售假药、劣药罪。

④ 诈骗罪。如果商家、主播等主体利用直播,以非法占有为目的发布虚假信息,骗取消费者财物的,其行为可能会构成诈骗罪。例如,主播通过抽奖、虚假承诺等方式,直接骗取粉丝钱财。需要特别说明的是,即使主播并没有直接参与到诈骗行为实施的过程中,但是若主播宣传推广了诈骗信息且导致他人遭受财产损失的,那么也有可能因推广诈骗信息而被认定为诈骗罪的帮助犯。

(二)"直播带货"行为的法律风险防范建议

1. 直播内容不得含有广告法禁止的内容

直播用语不得含有广告法禁止的内容,如在对商品进行介绍时,应避免使用过分夸张的词语形容商品。例如,《广告法》第九条规定,不得使用"国家级""最高级""最佳"等用语。另外,相关推广用语所表述的内容应当真实、合法,不得含有虚假或者引人误解的内容。规范直播时的产品描述,客观公正评价推荐的商品,谨慎评价其他同类商品。

2. 主播应试用相关产品

《广告法》第三十八条规定,广告代言人在广告中对商品、服务作推荐、证明,应当依据事实,符合本法和有关法律、行政法规规定,并不得为其未使用过的商品或者未接受过的服务作推荐、证明。而主播在直播带货过程中不可避免地会对商品、服务作推荐、证明,因此应当在开播前或直播过程中进行试用,以符合法律的规定。

3. 对产品信息进行核实,避免虚假宣传

选品团队开播前要充分了解产品的基本信息、销售数据、专利信息、使用效果等内容。MCN机构可要求品牌方就产品的下列信息提供相应的说明或者证明文件:商品的性能、功能、产地、用途、质量、规格、成分、价格、生产者、有效期限、销售状况、曾获荣誉等信息,或者服务的内容、提供者、形式、质量、价格、销售状况、曾获荣誉等信息,MCN机构应设立专门岗位,负责初步审查核实品牌方提供的说明文件信息的真实性，尽到合理的注意义务。

4. 尽量避免对特殊产品进行推荐

相比其他产品，由于医疗、药品、医疗器械、保健食品、烟酒等，涉及生物医药或人体健康，所以无论是前置审批手续还是推广过程的要求均比其他普通产品高得多。MCN机构在开展商务合作时，尽量避免与敏感行业的品牌方进行合作，若必须要进行合作，应当要求其提供相关资质文件，确保其具有相应的生产、销售资质，产品已取得相应的批文，注意履行广告审批机关的审批程序，对照相应产品的推广规范拟定特定的推广、直播方案，进行合规性审查，避免产生不必要的法律风险。

5. 办理市场主体登记手续

若MCN机构或者主播自建店铺进行销售，应当符合我国《电子商务法》的规定，依法办理市场主体登记、销售商品或者提供服务应当依法出具发票等购货凭证或者服务单据、并在网店首页显著位置，持续公示营业执照信息、与其经营业务有关的行政许可信息等。

6. 完善与品牌方之间的合作合同

MCN机构需要视情况对品牌方进行一定的背景调查，关注品牌方的资信情况、带货产品的合规问题，要求品牌方提供相应的资质证明文件和资料，避免出现违反法律法规规定、侵犯第三方权益的情况。良好的产品及口碑也会帮助塑造网红带好货的形象及口碑，不至于"带货翻车"。

同时，MCN机构应安排专门的法务人员或律师认真起草和审查合作合同，对双方的利润分配模式（一口价、基础费用加提成或者按照直播收看人数等）、产品责任划分（如果所销售的产品存在质量问题或造成消费者损失，由谁承担最终责任）、优惠券结算（以优惠券计算服务费时明确以张数还是每单销售额；以GMV计算佣金明确不含退换货订单；ROI计算方式和退还方式，必要时以公式举例说明）、知识产权归属等易产生争议的问题，提前做好约定，以免影响自身的利益以及与品牌方的友好合作关系。

7. 依法纳税

税收关乎国之大计、关乎民生。积极纳税是我们每一个公民的义务。MCN机构及主播不可存侥幸心理，互联网绝非法外之地，法律红线不可触碰。MCN机构和主播应进行充分的自查分析，评估个人及企业历史交易的税务风险。如发现问题，及时与主管税务机关进行积极有效的沟通，做好自查补税方案进行自查补税，以尽可能减少对企业及自身的影响。

（三）结语

直播带货作为新兴行业，经历了一段时期的野蛮生长之后，正面临着监管的到来。直播带货有与其他行业共通的法律风险，更有其业务模式及上下游的特殊风险。在共同富裕的价值导向下，MCN机构和主播在向前一路狂奔的同时，自身的合规问题必须引起足够的重视，应将目光聚焦于新业态的法律风险防控，才能走得更稳更长远。

（四级）任务三　团队协作风险的预判方法

直播团队在直播中，可能存在的风险主要有以下五类。

（一）内容风险

① 直播打造"好内容"的同时也带来了一些不合法现象，同质化直播内容的出现，致使直播平台出现内容运营风险。

② 在内容为王的时代，一些低俗等内容或许在短时间内可以引来用户的关注，但是从长远发展的角度来看，存在着巨大的法律风险，也不利于直播电商的长期发展。

（二）产品风险

产品风险分为商品价格风险和商品质量风险。

1. 商品价格风险

主播们经常会强调商品原价与折扣价之间的幅度。在直播中，原价一般指商品上市之日原厂售价，即出厂标价。但这个价格很有可能会标得虚高，从而使折扣力度显得很大。在直播电商实践中，不少主播存在"虚构原价"等问题。

2. 商品质量风险

商品质量风险包括外在质量和内在质量，外在质量指商品的造型、工艺、色彩等，内在质量指商品的性能、使用的安全性等。

（三）供应链风险

一般直播供应链包括：品牌定位——定款——定数量——定价——直播——发货——售后。

如果品牌方不能为消费者提供快速、准确的品牌供应，会极大地降低消费者的满意度，而快速响应对于供应链的体量、生产能力、发货能力、物流速度等都提出了较高的要求。因此，主播在直播之前其团队会先进行直播销量的预测，但如果把直播销量预测得过高，大量的库存会造成巨大的资金压力。

（四）售后风险

在直播低价的促使下，消费者容易被激起购物冲动，从而带来了因产品质量、尺寸大小等因素造成退换货的售后问题。

（五）人员变动风险

直播团队人员变动，很可能会带来影响，使直播效果大打折扣。

（四级）任务四　风险应对计划的制订方法

一、风险应对计划制订

制订风险应对计划是组织在面对不确定性和风险时，采取的措施和行动方案，旨在降低或规避潜在的风险对组织目标和项目的影响。以下是风险应对计划的制订方法。

1. 风险识别与评估

首先，对组织面临的风险进行全面的识别和评估。识别可能的风险事件，对其概率和影响进行评估，确定风险的优先级和重要性。

2. 制订风险应对策略

根据风险的性质和优先级，制订相应的风险应对策略。常见的应对策略包括规避、减轻、转移、接受或组合应对策略。

3. 规避风险

对于高风险且难以控制的风险，可以采取规避策略，即避免参与可能带来风险的活动或决策，以降低潜在风险的发生概率。

4. 减轻风险

对于无法完全规避的风险，可以采取减轻策略，通过采取措施降低风险发生的可能性和影响程度。

5. 转移风险

将部分或全部风险转移给其他方，如购买保险或与合作伙伴达成协议，以减轻自身承担的风险。

6. 接受风险

对于某些低风险或难以避免的风险，可以选择接受策略，即接受风险可能带来的影响，并在发生时做好应对措施。

7. 制订应急预案

针对关键风险事件，制订详细的应急预案，确保在风险发生时能够迅速响应和处理，减少损失。

8. 沟通与培训

将风险应对计划与相关人员进行充分沟通和培训，确保相关人员了解并能够执行计划。

9. 监控与更新

定期监控风险的情况，根据实际情况对风险应对计划进行及时更新和调整，确保计划的有效性和适应性。

10. 记录和总结

对风险应对计划的制订过程进行记录和总结，以便未来面对类似风险时能够借鉴经验。

综合考虑以上方法，制订风险应对计划需要全面分析和综合考虑各种风险因素，确保制订的应对策略和措施能够真正降低风险带来的影响，保障组织的安全和可持续发展。

二、直播团队风险规避

直播团队在组建过程中，要注意规避来自人员变动所带来的风险。

1. 直播账号身份认证、手机绑定

直播账号一定不要绑定流动人员的身份证号和手机号，最好绑定在固定的人员手里。

2. 出镜人员工作单一性，避免总揽大权

最不好的情况就是所有的内容都是出镜的人员一个人在做，对于一个公司来说，这一定不是一件好事，因为出镜人什么都自己做了，难免不会在账号起量之后，另立门户。

3. 签订合同，维护公司的利益

直播团队的员工或是专门招聘的演员，在签合同的时候另外起草一份出镜人员专用的合同。

（三级）任务五　风险管理奖惩制度的主要内容

风险管理奖惩制度是一种在组织内用于鼓励风险管理和惩罚风险违规行为的制度。它有助于激励员工积极参与风险管理，并促使组织更好地管理潜在风险。以下是风险管理奖惩制度的主要内容。

一、奖励制度

（一）风险识别奖励

奖励员工发现和报告潜在风险，鼓励他们积极参与风险识别和提供有关风险的信息。

（二）风险管理创新奖

奖励提出创新的风险管理方法和策略，鼓励员工寻找更有效的风险管理解决方案。

（三）风险管理执行奖

奖励成功实施风险管理计划并取得显著成果的团队或个人。

（四）培训和学习奖励

奖励参与培训和学习，提升员工的风险管理知识和技能。

（五）风险文化奖

奖励在组织内推动积极的风险文化、倡导风险意识的员工。

二、惩罚制度

（一）违规惩罚

对违反风险管理政策、流程或准则的员工采取相应的惩罚措施，如警告、停职、解雇等。

（二）不诚实行为惩罚

对隐瞒风险信息、提供虚假信息或其他不诚实行为的员工实施惩罚。

（三）违规操作惩罚

对违反风险管理操作程序的员工进行适当的惩罚，以确保操作的合规性和安全性。

（四）违约责任

根据风险管理政策，规定风险违规行为的违约责任，包括经济赔偿和法律责任等。

（五）违规记录

记录和追踪员工的违规行为，以便后续监管和处罚。

（六）惩罚制度透明度

确保惩罚制度的透明度，员工应清楚知道违规行为和相应的惩罚措施。

三、其他内容

（一）激励机制

奖惩制度应该有一定的激励机制，确保奖励和惩罚相对合理，既能激励员工积极参与风险管理，又能惩罚不良行为。

（二）评估和调整

定期评估奖惩制度的效果，根据实际情况进行调整和改进，以确保其持续有效。

（三）风险宣传

将奖惩制度的内容和目的宣传给员工，让他们了解制度的重要性和影响。

（四）合规性和公平性

确保奖惩制度符合法律法规，同时保证奖惩的公平性和一致性。

风险管理奖惩制度应该根据组织的需求和风险管理策略进行定制，同时要与组织的文化和价值观相符合。

（三级）任务六　风险防控方案的评估方法

评估风险防控方案的有效性是确保组织能够适应和应对不同风险的关键步骤。以下是一些常见的评估风险防控方案的方法。

一、风险评估和分析

首先，对已实施的风险防控方案进行评估，分析是否覆盖了可能的风险，并评估其对应的风险程度和潜在影响。

二、指标和标准对比

将风险防控方案中设定的指标和标准与实际情况进行对比。确定是否达到了预期的目标和要求。

三、实施情况审查

审查风险防控方案的实施情况，检查是否按照计划进行，是否存在延误、漏洞或其他问题。

四、成果和效益评估

评估已实施的风险防控方案是否取得了预期的成果和效益。比如，减少事故频率、提高生产效率等。

五、演练和模拟

进行演练和模拟，测试风险防控方案在实际应急情况下的可行性和有效性。通过演练可以发现潜在问题并及时纠正。

六、经验教训总结

从过去的风险事件中吸取教训，评估现有的风险防控方案是否能够应对类似的风险，进行不断改进。

七、监测和预警系统

确保风险防控方案中的监测和预警系统正常运行，能够及时发现风险迹象。

八、反馈和建议收集

收集员工、管理层和其他相关人员的反馈和建议，了解他们对风险防控方案的看法和改进意见。

九、持续改进

基于评估结果，及时进行风险防控方案的持续改进。调整措施、更新指标、提升效率等。

十、专业评估

可以请专业的风险管理机构或顾问进行独立的评估，从外部角度评价风险防控方案的有效性。

十一、定期审查

设定定期审查的时间表，定期对风险防控方案进行全面审查，以确保其与变化的风险环境保持一致。

综合运用上述方法，可以更全面、准确地评估风险防控方案的有效性，并及时采取必要的调整和改进措施，以确保组织能够应对不断变化的风险挑战。

习题

一、选择题

1．（多选）电脑断网的原因有哪些？（　　）
　A．运营商问题　　　　　　　　B．硬件问题
　C．电脑网络设置问题　　　　　D．网卡驱动问题

2．（多选）"直播带货"行为存在的主要法律风险有哪些？（　　）
　A．民事法律风险　　　　　　　B．行政法律风险
　C．刑事法律风险

3．（多选）直播团队在直播中，可能存在以下哪些风险？（　　）
　A．内容风险　　B．产品风险　　C．供应链风险　　D．售后风险

4．（多选）直播电商风险管理的流程包括以下哪些内容？（　　）
　A．制订风险管理计划　　　　　B．风险识别
　C．风险评估　　　　　　　　　D．风险控制
　E．风险监控

5．（单选）合同中"书面形式是合同书、信件、电报、电传、传真等可以有形地表现所载内容的形式。""以电子数据交换、电子邮件等方式能够有形地表现所载内容，并可以随时调取查用的数据电文，视为书面形式。"是由（　　）规定的。
　A．《中华人民共和国电子签名法》　　B．《中华人民共和国民法通则》
　C．《中华人民共和国民法典》　　　　D．《中华人民共和国拍卖法》

二、问答题

1．详细介绍电子商务建设与运营一般流程。
2．分析产品风险两种类型的区别与联系：商品价格风险和商品质量风险。
3．阐述直播供应链的六个步骤。
4．举例分析直播电商中消费者的风险防范措施。

| 项目四 |

市场调研及调研结果分析

【项目导读】

市场调查是指用科学的方法,有目的、系统地收集、记录、整理和分析市场情况。随着经济水平的不断发展,越来越多的企业都开始有计划地进行市场调研,以便获取更多市场信息。市场调研可以避免营销决策"踩坑",通过了解分析提供市场信息,可以避免企业在制订营销策略时发生错误,或可以帮助营销决策者了解当前营销策略及营销活动的得失,以作适当建议;有助于把握市场变化"风向",提供正确的市场信息,可以了解市场可能的变化趋势,以及消费者潜在购买动机和需求,有助于营销者识别最有利可图的市场机会,为企业提供发展新契机;可以促进企业经营"纠偏",有助于了解当前相关行业的发展状况和技术经验,为改进企业的经营活动提供信息;有助于为品牌宣传"助阵",为企业市场地位和产品宣传等提供信息和支持,有利于提升市场趋势"预测",通过市场调查所获得的资料,除了可供了解市场的情况,还可以对市场变化趋势进行预测,从而可以提前对企业的应变做出计划和安排,充分地利用市场的变化,从中谋求企业的利益。

本项目从市场调研及调研结果分析入手,介绍产品销售信息收集和汇总方法,讲解产品营销方案收集和汇总方法及产品溯源方法,学习产品及用户调研方法,了解信息分类方法及信息比对方法。

【项目目标】

1. 能收集和汇总销售产品相关信息
2. 能收集和汇总产品营销方案的相关信息
3. 能收集产品的溯源信息
4. 能根据产品进行用户调研
5. 能对采集到的信息进行分类
6. 能对采集到的信息进行比对

在入局电商行业前,选品员需要对商业战略和产品进行市场调研,这样做不仅是明智的,而且是必要的。无论商业战略多完善,产品多优质,选品员都要花一些时间进行需求分析、平台分析、数据分析。此外,分析自己的竞争对手、找到市场的空白对于选品员而言也是非常关键的。无论做什么类型的电商,都需要做市场调研,了解市场,选择要销售的产品,采购合适的货物。

（五级）任务一　产品销售信息收集和汇总方法

一、产品销售信息收集方法

（一）互联网信息收集法

简而言之，就是一种人工手动获取信息的方式，从计算机网络发布、传递和存储的各种信息中提取有效信息。

（二）市场问卷调查调研

主要通过采用现场、邮件等方式，发放问卷调查，或者直接上门、电话采访、线上沟通获取相关信息。

（三）找第三方咨询公司

一般来说，找第三方咨询公司是向咨询服务单位、行业研究机构、有关院校等购买有关信息。

（四）大数据自动采集法

主要是借助大数据信息平台，如舆情收集系统，通过关键词、定向平台设置的方式，自动采集全网范围内与之相关的信息。

二、产品销售信息收集途径

（一）搜索引擎

这是互联网信息收集方法中最常用的有效途径之一，尤其是以百度为代表的搜索引擎，百度搜索引擎提供了强大的信息检索功能，用户可以通过输入关键词或问题，快速获取与其相关的搜索结果。

百度是中国最大的搜索引擎之一，拥有广泛的搜索资源和覆盖范围，能够涵盖各类信息和内容，如图4-1所示。

图4-1

（二）问卷星

问卷星是一个专业的在线问卷调查、测评、投票平台，专注于为用户提供功能强大、人性化的在线设计问卷、采集数据、自定义报表、调查结果分析系列服务，如图4-2所示。

图4-2

（三）艾瑞网

艾瑞网聚合互联网数据资讯，融合互联网行业资源，提供电子商务、移动互联网、网络游戏、网络广告、网络营销等行业内容，为互联网管理营销市场运营人士提供丰富的产业数据、报告、专家观点、行业数据库等服务，打造最具影响力的互联网数据资讯聚合平台，如图4-3所示。

图4-3

(四)识微科技舆情收集系统

① 自身相关信息收集。包括与自身相关的品牌及形象、产品、服务、售后等口碑信息,代言人和管理层相关信息等。

② 行业相关信息收集。所处行业相关的产业动态、法律法规、行业政策等信息,行业招标、用户需求、知识产权风险、供应链信息等内容。

③ 竞品相关信息收集。竞争对手在网络平台的负面声量、品牌宣传、新品发布、公关活动等信息。

④ 营销相关信息收集。互联网品牌声量,营销前后及过程中传播情况、口碑变化、用户互动等信息(如图4-4所示)。

图 4-4

三、产品销售信息来源

(一)内部报告

包括客户订单确认表、销售预测表、销售汇总报表(月度、季度、分地区)、销售价格水平表、库存管理统计表、应收账款统计表等。如图4-5~图4-7所示。

客户订单确认表

订单号：　　　　　合同号：　　　　　　下单日期：　年　月　日　时

尊敬的客户：
感谢您对纵览集团的关注与信任，为做好客户订单的全程跟踪工作，现将您订单需求的相关信息确认如下：

序号	货品名称	规格型号	单位	数量	单价	金额（元）	包装方式	备注
1								
2								
3								
4								
5								
6								
7								
8								
合计								

开票要求：1、不用开发票□　2、开普通发票□　3、开增值发票□
结算方式：1、先付款后发货□　2、货到付款（　　）元，余款（　　）元（　　）天内结清。　3、按合同付款□
付款方式：1、现　　金□　2、转　　账□
提货方式：1、客户自提□　2、送货到客户指定的地点□
运输方式：1、汽车运输□　2、火车运输□　3、零担托运□　4、快运□
运费承付：运费金额（　　）元，承付方为：纵览公司□　客户承付□

交货日期：　　　　　　　　　　　客户联系人：
交货地址：　　　　　　　　　　　联系电话/手机：

尊请客户仔细核对以上内容并签章确认，如有不符，请及时和我司客服中心或跟单员联系，谢谢！客户服务电话：0771-，
本单跟单员：　　　　　　　　　　跟单员联系电话：

客户盖章确认：　　　　　　　　　广西纵览线缆集团有限公司客服中心
客户代表签字：　　　　　　　　　业务经办确认/日期：
客户确认日期：　　　　　　　　　跟单员确认/日期：

说明：本表传真件确认亦视为有效。

图 4-5

产品季度销售明细表

序号	销售月份	销售日期	产品编号	产品名称	型号	规格	产品颜色	销售数量	单价	金额	销售地区	销售员	客户名	客户联系方式	备注
1				布鞋				800		0					
2				运动鞋				400		0					
3				拖鞋				600		0					
4				皮鞋				200		0					
5				布鞋				500		0					
6				运动鞋				200		0					
7				拖鞋				600		0					
8				皮鞋				800		0					
9				布鞋				780		0					
10				运动鞋				388		0					
11				拖鞋				800		0					
12				皮鞋				380		0					
13				布鞋				600		0					
14				运动鞋				800		0					
15				拖鞋				780		0					
16				皮鞋				600		0					
17				布鞋				800		0					
18				运动鞋				780		0					
19				拖鞋				600		0					
20				皮鞋				800		0					

产品名称	总销量
布鞋	3480
运动鞋	2568
皮鞋	2780
拖鞋	3380

图 4-6

库存管理统计表

统计时间 2007年8月　　　　仓库管理员 章程　　　　成本基数 80%

库存代码	名称	上月结转	本月入库	本月出库	当前数目	标准库存量	溢短	单价	成本	库存金额
010231	X型背包	124	545	91	578	300	278	¥150	¥51,565,865	¥144,442
010232	X型运动鞋	556	145	114	587	300	287	¥275	¥58,327,500	¥212,100
010233	X型太阳帽	563	344	235	672	300	372	¥185	¥74,405,520	¥17,485,297,200
010234	X型太阳镜	545	235	265	515	300	215	¥95	¥1,746,623	¥18,386
010235	Y型运动水壶	125	326	56	395	300	95	¥158	¥17,693,235	¥990,821,160
010236	Y型太阳帽	545	200	250	495	300	195	¥185	¥22,582,365	¥122,067
010237	Y型太阳镜	254	654	81	827	300	527	¥165	¥15,760,553	¥95,519
010238	Z型水壶	598	344	368	574	300	274	¥304	¥37,083,906	¥122,067
010239	Z型太阳帽	564	345	236	673	300	373	¥218	¥22,470,792	¥102,888
010240	Z型太阳镜	235	246	162	319	300	19	¥98	¥476,620	¥10,316
010241	Z型背包	598	244	501	341	300	41	¥101	¥2,434,979	¥24,109
010242	Z型运动鞋	356	356	103	609	300	309	¥123	¥170,520	¥8,526
010243	Q型背包	351	254	301	304	300	4	¥402	¥34,389,331	¥85,546
010244	Q型运动鞋	168	544	105	607	300	307	¥325	¥44,880,063	¥138,093
010245	Q型运动水壶	689	266	436	519	300	219	¥194	¥13,673,159	¥70,480
010246	Q型太阳帽	124	545	91	578	300	278	¥357	¥51,565,865	¥144,442
010247	Q型太阳镜	455	246	268	433	300	133	¥342	¥35,451,788	¥103,660
010248	I型背包	574	240	364	450	300	150	¥490	¥75,631,500	¥154,350
010249	I型运动鞋	454	644	120	978	300	678	¥334	¥76,371,238	¥228,656
010250	I型运动水壶	157	165	68	254	300	-46	¥195	¥6,760,845	¥34,671
010251	I型太阳帽	454	231	310	375	300	75	¥312	¥25,552,800	¥81,900
010252	I型太阳镜	431	55	203	283	300	-17	¥217	¥9,328,331	¥42,988
010253	W型背包	384	445	193	636	300	336	¥125	¥36,061	¥4,007
010254	W型运动鞋	346	135	106	375	300	75	¥456	¥54,583,200	¥119,700
010255	W型运动水壶	256	45	84	217	300	-83	¥424	¥27,307,974	¥64,406
010256	W型太阳帽	284	105	107	282	300	-18	¥178	¥6,254,422	¥35,137
010257	W型太阳镜	267	251	93	425	300	125	¥243	¥17,567,078	¥72,293

图 4-7

以上报表提供的结果数据要形成制度化，定期统计，一切数据只有在经过集合、归纳、对比后才有意义。

（二）外部情报收集系统

外部情报收集应从以下 5 个方面着手。

① 消费者调查。应注意从消费者的角度去收集，了解消费者的欲望需求，不要将消费者的意愿、表述"翻译"成制造商的想法，要客观公正。如工业品需注意：客户对我们产品在其整体产品中的功能要求，可能的话要问下客户是如何使用我们的产品。如用"易表达"网页向消费者进行满意度调查等，如图 4-8 所示。

图 4-8

② 产业市场调查。尽可能收集本行业的发展、现状、趋势，行业生存条件等方面内容，密切注意新技术在本行业中的运用，同时也要关注与本行业相关的行业动向，如房地产业对建材行业的影响。如用"倍市德"网页为企业进行市场研究与调查，如图4-9所示。

图 4-9

③ 竞争调查。对竞争者的调查，要注意对其进行市场行为规律的分析，特别是主要经营者的变动及其他动向。在这里要提醒的是，竞争不仅来自同行业类似的产品，还来自如供应商、客户、替代品、新加入的竞争者等多方面的威胁。由于各企业所处的行业不同，要求也有所区别。有些行业新技术不断涌现，产品更新换代较快，因而替代品威胁成为主要的竞争压力，应将其列为竞争调查的重点。如用"市场调查网"对市场及竞争对手进行全方位调查，如图4-10所示。

图 4-10

④ 营销渠道的调查。对市场网络成员的地区、数量、规模、性质、营销能力、信用等级，代替竞争者产品情况、合作情况、主要经营者的情况等做专案记录，并需做动态的调查，定期（如半年）更新一次。专案记录表如图 4-11 所示。

直行专案记录

类别 编号	进行专案名称	负责部门	负责人	配合部门	预订期限 起 讫	预计经费	目的	核准

核准　　　填制

图 4-11

⑤ 宏观环境调查。要注意经济环境的变化，特别是主要产业的发展变化对本行业的影响，有些行业反应较快，如石油价格的变化等。中国经济仍处于转型期，各项法规政策及政府主管部门职能都在转变之中，要注意收集，并注意产业发展趋势的要求与政府行为的力度，如环保的要求成为很多行业企业（如小化工企业）的生死线。同样可以用"倍市得"进行调查。

四、产品销售信息汇总方法

产品销售信息的汇总是将从不同渠道获得的销售数据和相关信息整合到一起，形成全面的销售情况概览。以下是产品销售信息汇总的方法。

（一）建立销售信息数据库

创建一个销售信息数据库，用于存储和管理各类销售数据和信息。可以使用电子表格软件或专业销售管理系统建立数据库。

（二）整理销售数据

从不同渠道收集到的销售数据，如订单记录、销售额、销售数量、销售地区等，对其进行整理和归类。

（三）销售报告

定期制作销售报告，将销售数据以图表或图形的形式展示出来，便于管理层和销售团队快速了解销售情况。

（四）客户反馈归纳

对顾客的反馈意见和需求进行归纳和整理，发现常见问题和改进方向。

（五）市场调研结果

将市场调研获得的数据和分析结果整合到销售信息中，以增加对市场的全面了解。

（六）竞争对手分析

汇总竞争对手的销售数据和策略，用于制订自身的销售策略和应对措施。

（七）销售趋势分析

对销售数据进行趋势分析，找出销售的增长点和下降点，探索原因和解决方案。

（八）销售目标对比

对实际销售数据与设定的销售目标进行对比，评估销售业绩的达成情况。

（九）销售渠道汇总

整理各个销售渠道的销售数据和业绩，了解不同渠道的贡献和优化方向。

（十）客户分析

对不同类型的客户进行分析，了解他们的购买习惯和偏好，以便针对性地开展销售活动。

（十一）汇总销售活动效果

对各类销售促销活动和营销活动的效果进行汇总，评估活动的有效性和改进空间。

（十二）销售总结与展望

根据汇总的销售信息，进行销售总结和展望，制订下一阶段的销售计划和策略。

通过有效的销售信息汇总，企业可以全面了解销售情况，及时发现问题和机会，做出明智的决策，优化销售业绩和市场竞争力。

（五级）任务二　产品营销方案收集和汇总方法

一、征集作品

如针对某种产品举办营销方案大赛、电子商务营销策划大赛等，收集各方意见，最终根据自身情况进行调整，甚至还可以与优胜队伍进行合作。如图4-12所示。

图 4-12

二、专业第三方团队量身打造

每种产品均有其特性,故每类产品的营销方案也要有所区别,因此可以寻找第三方专业团队来为其需要营销的产品定制营销方案。如百度营销公司、励销云等,如图 4-13、图 4-14 所示。

三、参考借鉴其他优秀营销范例,自行整理营销方案

还可以参考借鉴其他优秀营销范例,自行整理营销方案,如图 4-15 所示。

图 4-13

图 4-14

图 4-15

（四级）任务三　产品溯源方法

一、生产追溯的四种方式

（一）按订单追溯

按订单追溯，其原材料批次或包装箱条码在计划下达至仓库（配送中心）时，需要仓库人员或领料人员在 MES 中扫描每个原材料批次或包装箱条码到相对应的订单中，系统同时根据生产订单数量及 BOM 数量进行扣减。此种操作方式的优点在于可最大限度地降低生产线员工的工作量，提升生产线人员的工作效率，甚至可以减少人员，降低成本。缺点是需要将此工作转移至仓库或配送中心进行，会加大仓库人员或配送人员的工作量。

（二）按个追溯

在生产线生产每一个产品时，在添加装配每个原材料时扫描原材料的批次或包装箱号，以使每个产品同原材料批次和包装箱号有所对应，数量同时根据 BOM 数量进行扣减。此种方式的优点在于相对于第一种方式而言不管是否切换原材料批次，均能够准确追溯，但致命的问题在于需要加大生产线员工的工作量或需要增加大量的采集硬件方能实现，由此可能会降低工作效率或增加实施项目成本。

（三）按批次追溯

此种追溯方式类似于订单追溯，有的制造业每天会生成一个生产批次，该批次并不代表生产订单号，仅是内部追溯用的一个代码，可能一个生产订单对应多个生产批次，也可能多个生产订单对应一个生产批次。此种追溯方式操作类似于"按订单追溯"。

（四）按时间追溯

此种追溯方式为：当生产线新增原材料时，生产员工在系统中扫描该原材料批次或包装箱号，系统默认该原材料批次及包装箱号的扫描时间，开始生产的所有成品均为该原材料批次或包装箱号；数量依据 BOM 数量及产品生产结束后对其进行后台扣减。

按时间追溯的应用如二维码溯源系统，如图 4-16 所示。

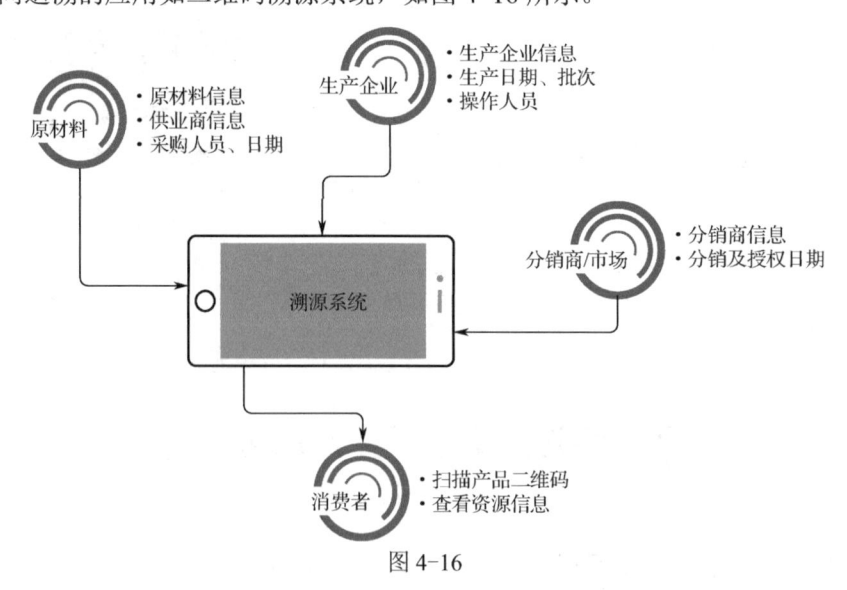

图 4-16

二、产品追溯新方法

新型产品追溯方法为商标验真与编码结合。商标验真即商标防伪、商标防侵权，是珠海丹德图像技术有限公司推出的一种新型防伪方式。其技术原理是在包装设计文件的商标图案里植入安全信息，随包装一起印刷，用手机拍照包装上的商标图案即可在线读取商标中的安全信息，识别侵权产品。安全信息看不见、拿不走、改不了，还不增加包装成本。丹德商标安全技术能与条形码、二维码、数字码结合，提供商标保护与编码应用的多重服务，只需一次拍照就能同时验真商标和读取编码信息，既能实现品牌识别，还能对接原有产品溯源系统，助力企业产品防伪和产品追溯双重保护。

（四级）任务四　产品及用户调研方法

一、情境调查

情境调查也被称为观察或现场访问，情境调查涉及研究用户在日常生活或做任务时的情况。记下他们在做什么，他们面临的困难和你自己的想法。若想尝试深入了解用户的需求和期望，不要试图打断他们，尽可能地观察用户通常会做什么来完成他们的任务。

二、访问

在用户访问中，通常会与用户会面，向他们询问与项目相关的问题。通常这个过程在整个过程中很早就完成了，而且访问可以用于审查产品目标。这里需要以正确的方式询问问题以获得良好的答案，我们必须知道何时跟进并深入答案，做好记录。在这里我们需要事先准备好相关问题，整理好自己的思路。

访问主题可能会记住一些特定情况下的产品工作的情况，并且通常可以提供关于这些事件更生动的细节。在帮助用户完成任务时，可以使用其来了解产品的优缺点。还可以使用访问来帮助自身确定问题，以便在更广泛的问卷或调查中提问。另一方面，可以在看到调查问卷的结果后进行面谈，并更深入地探讨其中的一些问题。

三、调查问卷

调查问卷可以为我们提供一些类似于用户访谈的答案。缺点是我们不能更深入地得到这些问题的答案，因为与用户没有直接的互动。从另一面来看，问卷调查可以让我们获得更多的反馈，这可以为开展更多的定量分析提供机会。

在用调查问卷这种形式时，我们必须有清晰的思路去编写问题，从而缩短调查时间，同时还能获得所需的信息。

（四级）任务五　信息分类方法

使用研究方法的目的是验证假设和猜想，寻找改善产品的方向。如果对收集到的资料和数据不进行任何分析，那么前面的所有努力都没有意义。常见的信息分类方法有以下两种。

一、线分类法

线分类法又称层级分类法,是指将分类对象按所选定的若干分类标志,逐次地分成相应的若干层级类目,并排列成一个有层次逐级展开的分类体系。分类体系的一般表现形式为大类、中类、小类等不同级别的类目逐级展开,体系中各层级所选用的标志不同,同位类构成并列关系,上下位类构成隶属关系。由一个类目直接划分出来的下一级各类目之间存在着并列关系,不重复,不交叉。

(一)线分类法应遵循的基本原则

在线分类法中,由某一上位类类目划分出的下位类类目的总范围应与上位类类目范围相同(都属于家具)。

当一个上位类类目划分成若干个下位类类目时,应选择一个划分标志(按照制作原料)。

同位类类目之间不交叉、不重复,并只对应于一个上位类(木椅、木凳、木桌、木箱、木架)。

分类要依次进行,不应有空层或加层。

(二)线分类法的优缺点

优点:层次性好,能较好地反映类目之间的逻辑关系,使用方便,既符合手工处理信息的传统习惯,又便于计算机处理信息。

缺点:线分类体系分类结构弹性差(分类结构一经确定,不易改动)、效率较低(当分类层次较多时,代码位数较长,影响数据处理的速度)。

二、面分类法

面分类法又称平行分类法,它是将拟分类的商品集合总体,根据其本身的属性或特征,分成相互之间没有隶属关系的面,每个面都包含一组类目。将每个面中的一种类目与另一个面中的一种类目组合在一起,即组成一个复合类目。

服装的分类就是按照面分类法组配的。将服装用的面料、款式、穿着用途分为三个互相之间没有隶属关系的"面",每个"面"又分成若干个类目。使用时,将有关类目组配起来。如:纯毛男式西装,纯棉女式连衣裙等。

(一)面分类法应遵循的基本原则

① 根据需要,应将分类对象的本质属性作为分类对象的标志。
② 不同面的类目之间不能相互交叉,也不能重复出现。
③ 每个面应有严格的固定位置。
④ 面的选择及位置的确定应根据实际需要而定。

(二)面分类法的优缺点

优点:具有较大的弹性,可以较大量地扩充新类目,不必预先确定好最后的分组,适用于计算机管理。

缺点：组配结构太复杂，不便于手工处理，其容量也不能充分利用。

（四级）任务六　信息比对的内容

信息，指音讯、消息、通信系统传输和处理的对象，泛指人类社会传播的一切内容。人通过获得、识别自然界和社会的不同信息来区别不同事物，得以认识和改造世界。在一切通信和控制系统中，信息是一种普遍联系的形式。

商品信息一般由商品基本信息、商品属性、商品图文描述、支付信息、库存设置、物流信息、售后服务等部分组成。

一、商品基本信息

商品基本信息是对商品的基本描述，一般指用户浏览商品时第一眼看到的信息。根据平台的业务不同，该部分会有略微的区别，但一般是商品的所属类目信息、商品标题（商品名称）、品牌信息、商品编码（也叫69码）、商品属性、广告语等信息。如图4-17所示。

二、商品属性

商品属性通常包括关键属性、销售属性、商品属性、普通属性四种，根据自己公司的实际业务，还可以进行其他属性的分类，如特殊属性、实际属性等。如图4-18所示。

BASIC
商品基本信息

货号	JABL1639	系列	运动包
颜色	WT	规格	F

图 4-17

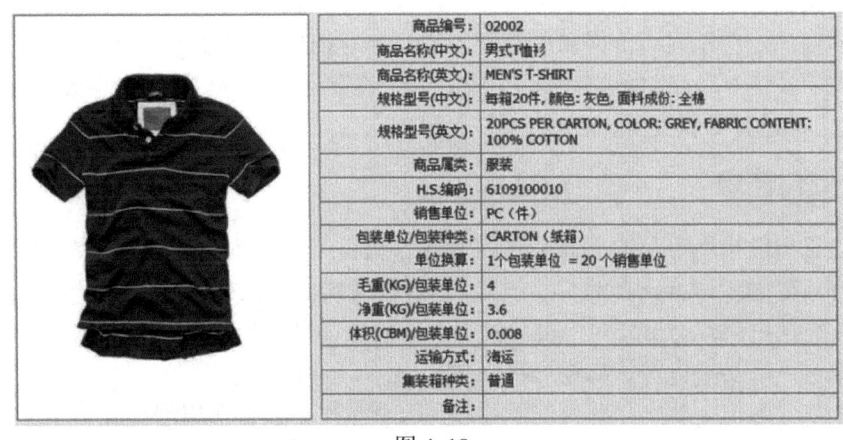

商品编号：	02002
商品名称(中文)	男式T恤衫
商品名称(英文)	MEN'S T-SHIRT
规格型号(中文)	每箱20件，颜色：灰色，面料成份：全棉
规格型号(英文)	20PCS PER CARTON, COLOR: GREY, FABRIC CONTENT: 100% COTTON
商品属类	服装
H.S.编码	6109100010
销售单位	PC（件）
包装单位/包装种类	CARTON（纸箱）
单位换算	1个包装单位 ＝ 20 个销售单位
毛重(KG)/包装单位：	4
净重(KG)/包装单位：	3.6
体积(CBM)/包装单位：	0.008
运输方式：	海运
集装箱种类：	普通
备注：	

图 4-18

三、商品图文描述

包括商品图和商品描述，商品图片一般包括商品主图、商品轮播图，以及商品活动图，如图 4-19 所示。商品描述是针对图片附加的文字说明，可填可不填。

图 4-19

四、库存设置

库存设置指针对商品的销售属性（规格属性），即商品的 SKU，设置对应价格和库存，不同规格的商品对应不同的价格和库存，当商品库存销售为 0 时会自动下架。一般 SKU 库存同步 WMS 系统中库存，即实物库存，或者人工设置活动库存。商品库存数量与库存系统、WMS 系统之间进行数据交互，在前台显示。

五、支付信息

支付信息一般指用户在拍下商品时的付款方式和拍下商品时的库存计数方式。

付款方式分为一口价（普通交易模式）、预售模式、货到付款等。一口价是指提交订单时一次付清；预售模式是指先付一部分定金，等到商品开始售卖时，将尾款付清；货到付款比较容易理解，就是用户确认收货后再支付。

库存计数分为拍下减库存和付款减库存。拍下减库存会存在用户恶意拍单，而不买的风险；付款减库存会存在平台或商家超卖的风险。两种方式各有利弊。

如图 4-20 所示是淘宝发布商品页中的支付信息。

图 4-20

六、物流信息

主要是根据商品具体情况选择提前设置好的运费模板,若没有符合要求的运费模板,可前往物流系统进行设置后再使用。

七、售后服务

一般商品售后是对用户的承诺,例如,退换货承诺(7天无理由退换货等)、假一赔十等,根据不同商品售后服务也有所不同。如图 4-21 所示是淘宝发布商品页中的售后服务。

图 4-21 淘宝发布商品页中售后服务

商品信息可在以上内容中进行比对,在经过各方面的优劣对比后便能更好地选择自己现阶段更合适的商品。

习题

一、选择题

1.(多选)在入局电商行业前,选品员需要对商业战略和产品进行市场调研,那么市场调查和信息收集的方法有哪些?(   )

A. 互联网信息收集法　　　　　　B. 市场问卷调查调研
C. 找第三方咨询公司　　　　　　D. 大数据自动采集法

2．（多选）产品营销方案收集和汇总方法包括（　　）。

A．征集作品

B．专业第三方团队量身打造

C．参考借鉴其他优秀营销范例，自行整理营销方案

D．其他

3．（多选）生产追溯的四种方式包括（　　）。

A．按订单追溯　　　B．按个追溯　　　C．按批次追溯　　　D．按时间追溯

E．按二维码追溯

4．（多选）以下属于产品及用户调研方法的是（　　）。

A．情境调查　　　B．访问　　　C．调查问卷　　　D．日记研究

5．（多选）使用研究方法的目的是验证假设和猜想，寻找改善产品的方向。如果对收集到的资料和数据不进行任何分析，那么前面的所有努力都没有意义。信息分类的方法有哪些？（　　）

A．线分类法　　　B．面分类法　　　C．测试法　　　D．柯氏评估法

二、简答题

1．请简述面分类法的主要内容。

2．请简述信息比对的主要内容。

3．产品追溯的新方法主要指什么？

4．互联网营销本身脱离不了营销，请问你学习完产品营销方案收集和汇总方法后有什么好的建议和补充？

| 项目五 |

市场信息管理与分析

【项目导读】

只有对市场了解得越深，洞察得越深，才会让我们打得更准。在我们了解市场、了解用户的前提下，我们才能找到用户的痛点，进而找到相应的解决方案，通过软件的形式去满足用户的需求。但是我们在做市场分析的时候，往往认为市场分析只是对整个市场进行分析而已，并没有对市场分析本身有过思考，但其实对于营销体系来说，市场分析也是有层次的。市场分析是指用科学的方法，有目的、系统地收集、记录、整理和分析市场情况。随着经济水平的不断发展，越来越多的企业都开始有计划地进行市场分析，以便获取更多市场信息。

本项目将介绍产品选择方法，讲解产品价格设置方法，了解如何定期跟踪并整理产品销售数据，进而学习供应商管理系统的维护方法。

【项目目标】

1. 能依据调研信息做出产品选择
2. 能分析产品价格设置的合理性
3. 能定期跟踪并整理产品销售数据
4. 能维护供应商管理系统
5. 能维护产品价格跟踪系统

（三级）任务一　产品选择方法

选品是选品员必做的工作之一，因为不是所有产品都适合在网上销售，也不是所有产品在网上销售都有市场。正所谓打铁还需自身硬，选品员必须慎重选品，遵循选品的黄金法则，掌握选品的方法。

一、电商选品的黄金法则

选品员在采购前要做好选品工作。选品有三大黄金法则：时刻关注社交媒体的热点、时刻关注网店的数据、通过试销判断市场反应。

（一）关注社交媒体的热点

社交媒体平台是选品员选品的有效渠道。抖音、快手、小红书等社交媒体平台聚集了大量的买家，了解这些买家的需求并据此选品将能够有效提高产品的转化率。以抖音为例，许多买家会通过短视频或直播购买产品，选品员可以根据不同产品的销量选择热销产品。抖音每天都会更新"人气好物榜"，选品员能够通过该榜单了解精品女装等不同产品的人气排名情况，如图 5-1 所示。企业可以根据自己所在的领域，找到目前该领域有哪些人气好物，分析这些人气好物受欢迎的原因，并及时采购同类产品。在对抖音销售的产品进行分析时，选品员可以借助专业的数据分析工具，以便使结果更科学。飞瓜数据就是一个专门分析短视频数据的网站，该网站的首页上有很多可供电商公司选择的平台，包括快手、B 站（哔哩哔哩视频网站）等，如图 5-2 所示。

图 5-1　　　　　　　　　　　　　　图 5-2

此外，电商公司还可以注册抖音账号，发布不同产品的短视频，根据短视频的播放量、点赞量及评论进行选品。在发布短视频时，电商公司要注意以下两个方面。

① 展示产品的特性：要想吸引买家的关注，就要在短视频中展示产品的特点、独特功效等，以表明产品的价值。

② 展示价格优势：价格是买家需要关注的重要因素，在短视频中展示产品的价格优势能凸显产品的高性价比。电商公司需要对短视频的播放数据进行分析，并据此选择要销售的产品。与此同时，电商公司也可以在抖音上接入自己的网店，便于买家直接购买产品。

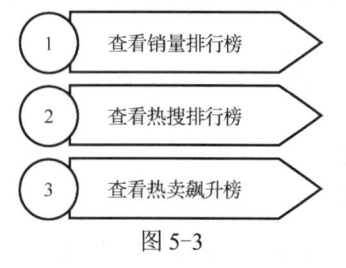

1　查看销量排行榜

2　查看热搜排行榜

3　查看热卖飙升榜

图 5-3

（二）关注网店的数据

电商公司在选品时不能只关注销量好的产品，但产品的销量也一定不能太差。可以查看网店的销售记录来判断产品的销量，具体的操作方式如图 5-3 所示。

① 查看销量排行榜。选品员在选品时可以从销量排行榜中

找出热销产品,再分析热门网店,了解该网店的信用等级、销量、人气、评价等信息。通过对热销产品和热门网店的调查,选品员可以挑出一些销量比较好、有可能会大卖的产品。

② 查看热搜排行榜。通过查看热搜排行榜,选品员可以更直观地了解市场的需求情况,如某类产品的趋势图、买家属性、地区占比等,从而确定经营方向。

③ 查看热卖飙升榜。选品员可以从热卖飙升榜中看出某类产品的销量增长速度和人气涨幅情况,因为这个榜单是根据销量增长速度的快慢和人气涨幅的大小来排列的。热卖飙升榜有助于选品员掌握各行业的发展趋势,了解哪些产品最具有发展潜力。

(三)通过试销判断市场反应

试销就是尝试销售,即先小批量采购样品,将样品放到市场上销售,看看反响如何,再决定是否正式推出。这种方式比较适合新推出的产品。

① 试销的优点非常明显,可以降低进货量,因为是小批量采购,所以一般都是即需即供。选品员可以通过试销了解买家对产品的喜爱程度,也可以及时发现产品的不足,并做出调整。

② 试销的弊端:第一,因为试销与真正进入市场的销售有一定的区别,所以即使很成功也不能完全将其当作销售业绩;第二,试销的费用比较高,耗时比较久,而且准备正式进入市场的产品也面临下架的风险;第三,试销的产品可能被竞争者模仿,使市场竞争变得更加激烈。

③ 影响试销的因素:地域差异、预测结果、竞争对手、数据分析等都可能成为影响试销结果的因素,选品员要想掌控这些因素是非常困难的。所以,选品员必须合理调整试销的目标,除了降低进货量,还要和供应商提前沟通好相关事宜,例如,试销产品滞销、过季或过期等情况要如何处理。试销适合销售新推出的产品,如果供应商有合适的货源,选品员可以大胆尝试一下,也许可以取得不错的销售业绩。所以,选品员要做综合考量,制订最佳的试销方案。

二、电商选品原则

选品员需要知道哪些产品不适合在网上销售,掌握紧跟爆款选品法,并了解主流电商平台的选品原则。

(一)紧跟爆款选品法

紧跟爆款选品法是合理选品的有效手段。我们需要把握市场趋势和消费需求,具体可以从以下三个方面入手。

① 订阅关于市场趋势的内容、浏览有关市场趋势的内容,有助于选品员更好地了解消费需求、市场趋势等行业大背景,为选品提供方向。当某个产品因为热播综艺、热播电视剧而销量上涨时,这个产品就很可能成为爆款。

② 关注产品测评类内容,产品测评类内容会对一些新上市的产品或对同类型、不同品牌的产品进行测评,对于选品员而言,这些内容可以提供可靠、丰富的选品资源。当发现大量的测评视频在测评同一类产品时,这类产品很可能会成为爆款。

③ 通过电商平台进行搜索,在电商平台上,不同产品的销售趋势能够反映市场情况及

消费需求。热销的产品可以作为我们选品的参考。阿里巴巴是全球最大的电商平台之一，在售产品多达数十万种，我们可以在该平台上分析不同产品的销售趋势，寻找爆款，还能够在该平台上找到合适的供应商。

（二）主流电商平台的选品原则

当新的销售旺季来临之际，很多人还在纠结如何花钱为自己的网店带来流量，一些成熟的选品员已经在精心选择要重点推出的产品，并准备了充足的预算，倾尽全力去打造属于自己的爆款。对于淘宝、京东、拼多多、唯品会等主流电商平台来说，打造爆款的方法其实大同小异，关键就在于选品。如何针对主流电商平台选品，这一直是选品员关心的问题。在羊群效应的影响下，许多选品员都打着爆款的幌子进行推广，导致推广的效果大不如前。接下来，笔者就介绍一些选品知识，帮助选品员打造爆款，提高转化率和客单价。关于选品，选品员应该掌握以下4个要点，如图5-4所示。

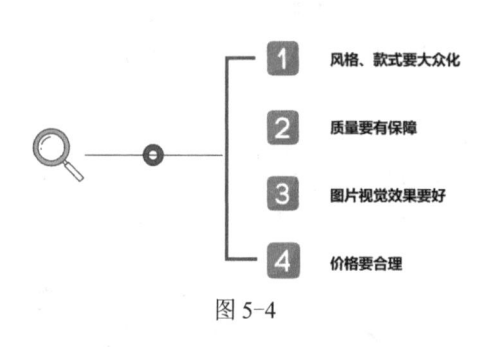

① 风格、款式要大众化。产品的风格要有大众化的元素，这样才可以尽可能地扩大受众面。有广泛的群众基础，企业的销售工作才可以更顺利。产品的款式要适合大多数消费群体。例如，某款式的高腰吊带裙基本没有腰围限制，这样就可以在原有买家的基础上又向外围辐射一批消费群体，让原本已经宽泛的买家基数变得更庞大。

图5-4

② 质量要有保障。质量一直是竞争的关键，有些产品非常便宜，但消费者买到后没用多久就坏了，甚至还没用就出现了问题，这样的产品一定会伤害消费者，从而使公司失去回头客。因为质量差的产品会让消费者的购物体验变差，他们会对产品失去信心，还可能会造成负面影响。如果产品质量过硬，消费者不仅会买下产品，而且会自愿为产品进行口碑传播。

③ 图片视觉效果要好。对于公司来说，图片是第一"销售员"。产品的图片给消费者的感觉应该是"这个产品的风格和款式是独一无二的，是最适合自己的，一定要购买"。另外，在必要的情况下，我们还可以通过图片做限时暗示，引导消费者尽快下单。

④ 价格要合理。现在，50%以上的买家都是因为产品便宜才购买的，这就要求选品员选择价格合理的产品。产品的价格如果低于买家的预期，就能更好地吸引买家，迅速促成转化。如果是爆款，甚至不需要太高的利润，因为这类产品的作用是促进销量，提升转化率和日均单数。如果可以，产品的价格越低越好，并且尽量包邮。

（三级）任务二　价格分析方法

产品价格分析是分析公司产品的价位与同种（或类似）产品相比孰高孰低，其差异是否形成重大影响的方法。产品价格分析主要分析价位是否在消费者的承受能力之内，以及价格的变化在多大程度上影响潜在需求和现实需求之间的转化。

商品的价格（Price），是4P理论重要的一环，是消费者决定购买与否的关键因素，所以对于商品的价格分析是商品分析中必要的内容。商品价格分析主要包括有价格段分析、价格带分析、价格弹性分析。我们主要讲商品的价格带分析。

商品的价格带是指同一类商品的最低价和最高价之间的区域。例如图 5-5，是 A、B 两个超市方便面品类所有 SKU 的数据。

如图 5-5 所示的数据均为方便面类别，所以我们可以直接进行价格带分析，如图 5-6 所示。

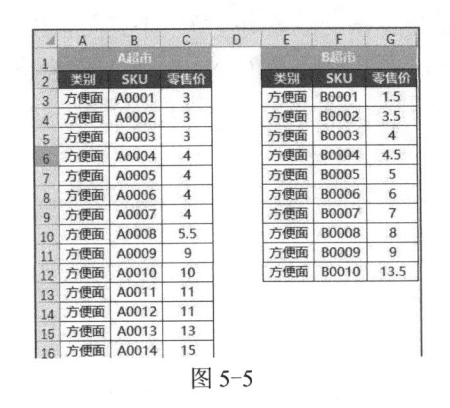

图 5-5

图 5-6

经过计算可得，A 超市的价格带是 3～15 元、B 超市的价格带是 1.5～13.5 元。

价格带相关的三个概念为三度：宽度、深度、广度。附加概念是价格线、价格点和价格区。以下将逐一进行讲解。

一、价格带宽度

价格带宽度就是价格带中最高价和最低价的差值，计算公式如图 5-7 所示。

图 5-7

可以看到例子中，A、B 两个超市的方便面类别，价格带宽度是 12 元。价格带的宽度决定了该类别商品满足消费者需求的价格范围大小，但要注意的是，即使价格宽度一样，但是面对的消费者层次会有不同，给到顾客的感受也会有所不同的。

像例子中的数据，A、B 超市的宽度是一样的，但是价格带不一样：B 超市（1.5～13.5元）整体低于 A 超市（3～15 元），所以我们可以判断出 B 超市针对的消费者层次稍低一些，还有消费者会感觉 B 超市的方便面更便宜。

二、价格带深度

价格带深度是指价格带中的品牌数或 SKU 数，计算公式如图 5-8 所示。

图 5-8

通过计算可知，在 A 超市的方便面 3～15 元中，有 15 个 SKU 可供销售，而在 B 超市的方便面 1.5~13.5 元中，只有 10 个 SKU 可供销售。这就可以说 A 超市的方便面价格带深度是 15，B 超市的方便面价格带深度是 10，即 A 超市的深度更深，也表明了 A 超市的方便面有更多的产品选择，消费者也会觉得产品更丰富。

三、价格带广度

价格带广度即价格线，体现在价格带中的不重复销售价格的数量上，每个不重复价格叫作一条价格线。以方便面数据来说，A 超市的价格线就是指图 5-5 的 C 列中不重复的价格，直接目测数据可知，有 8 条不同的价格线。但如果数据量大，又应该展示则如图 5-9 所示。

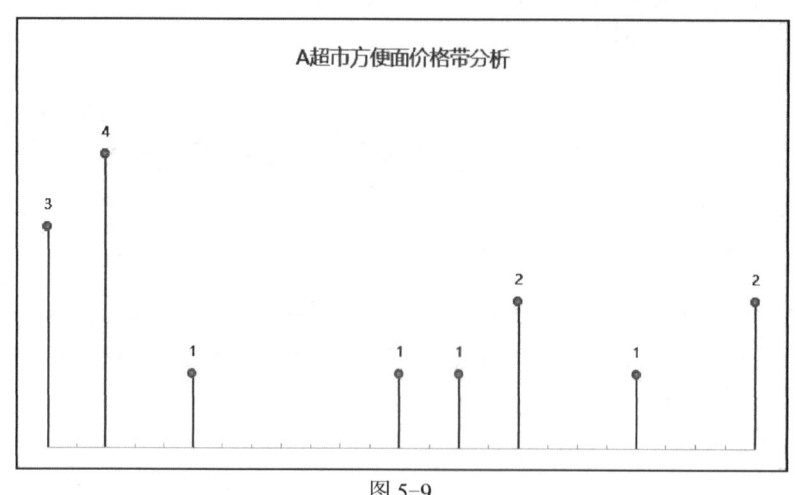

图 5-9

在图 5-9 中，横轴是零售价，纵轴是 SKU 数量，我们可以看到 A 超市的价格带是 3~15 元，宽度是 12 元，各价格线对应的深度也一目了然：定价为 3、4 元的 SKU 最多，低价的产品选择余地比较大。

此种图在 Excel 中展现的方法就是：散点图+误差线，以下是详细步骤。

① 增加 1 列 SKU 数量的内容，即计算出各种零售价对应的 SKU 数量。这里要先保证 B 列的 SKU 编码是唯一的，然后我们就可以用公式计算零售价列中每个价格对应的 SKU 数是多少了。例如在 D3 单元格，直接可以这样计算：=COUNTIF（C3：C17，C3）

② 下拉公式即可得出每个价格对应的 SKU 数，如图 5-10 所示。

③ 再选定 C3、D17 的数据（仅数值部分数据），生成一个散点图，设置好横坐标最小值是 3，最大值是 15，和价格带范围对应起来；设置纵坐标最小值为 0，最大值可以按默认的（因为 SKU 数量不会小于 0）。

④ 选定图中的所有散点，插入百分比误差线，删除横向的误差线——选中纵向误差线——右键设置错误栏格式——方向调整为负偏差——偏差量设置为 500%（一个足够大的比例，以便让误差线接触到横轴），这样就出现大致的效果了。

⑤ 再设置一下图表的格式：隐藏纵坐标，为散点添加数据标签，显示 Y 轴的值（SKU 数）；删除图表中的网格线，使图表简

图 5-10

单一些，美化散点。

四、价格点

价格点是指在所有的价格线中，最容易被顾客接受的那一条价格线。把某类别商品的价格点确定下来后，在该价格点附近多准备些商品，并且陈列得更丰满一些，很多消费者就会觉得这里的商品非常丰富、价格也适中。

这是一个很有效的技巧，很多人认为商品数量多，或 SKU 多就能代表商品种类丰富，其实消费者并不是看所有商品的总量，他们只看价格点附近商品的数量，以此来得出商品是否丰富的心理判断。这一点是大家要理解并注意的。

五、价格区

价格区是价格带中，包含价格点在内的，顾客主要购买的那一个价格区间。这个区间一般会远远小于价格带范围。一个卖场可能不止一个价格区，好的卖场会有 1 个主价格点和 1 到 2 个次价格点，每个价格点对应一个价格区是最优的方案。

下图 5-11 是三个超市的红酒模拟价格带示意图，可以看到价格带均为 100～500 元，宽度都为 400 元，广度都有 20 条价格线。

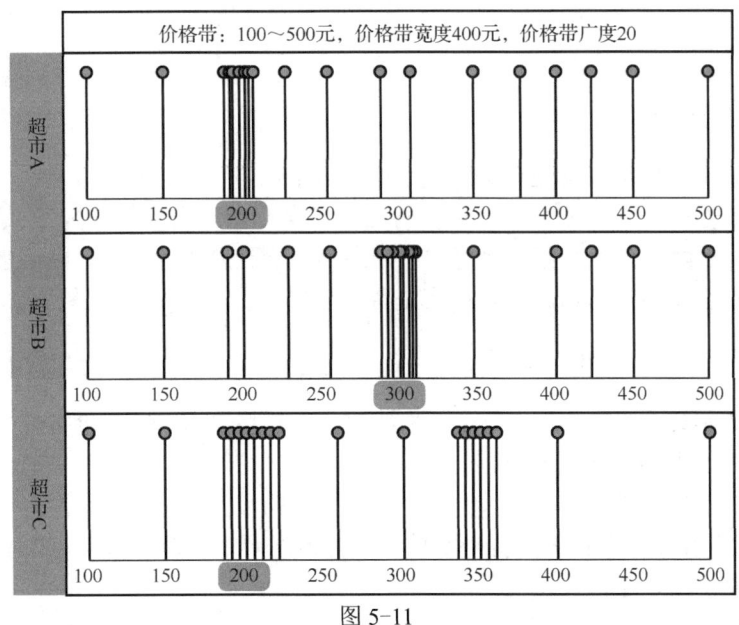

图 5-11

但是它们的价格点、价格区不一样。

A 超市：1 个价格区，价格点是 200。
B 超市：1 个价格区，价格点是 300。
C 超市：2 个价格区，主价格点是 200，次价格点是 350。

这样给到我们的感觉就会不一样：A 超市定位低，B 超市较高，C 超市比较综合，有两类主力消费群体。

为什么要进行价格带分析？怎么开展价格带的管理工作？

价格带管理的目的是通过对价格带的科学分析（判断现有的价格带指标是否合理，是否需要调整），从而实现管理商品采购、管理商品定价、管理商品陈列，最终达到影响消费者购物行为的作用。

六、价格带管理的流程

（一）确定需要进行价格带分析的商品类别

确定需要进行价格带分析的商品类别一般是小类，例如超市里的洁面乳类、方便面类，服装店里的休闲短袖T恤、西裤等。（为什么是小类？因为对于消费者来说，他购买时就是以小类进行计划的，如他想去买方便面……）

（二）分析价格带宽度

决定价格带宽度的因素有三个：消费者、竞争对手和供应商。价格带定位有三种方法：市场调查法（对目标消费者，就某个类别进行调查，了解消费者可以接受的最低和最高价）、竞争对手调查法（调查对手的某品类的价格三度、价格点、价格区，参考本店的数据进行定位）、销售数据分析法（通过大量的历史数据去判断目前的价格带是否需要加宽或向上、向下移动）。

（三）确定价格点

价格点的确定同样可以使用市场调查、竞争对手调查、销售数据分析法。对于零售企业来说，可能会有两个价格点：一是目标价格点（指企业自己定的价格），二是实际销售中产生的价格点。若这两个点重合则是极好的；如果不重合且差距较大时，则要进一步分析价格点附近的商品组合是否合理，目标价格点是否合理等。

（四）确定价格带广度和价格线

要考虑应该制订几条价格线，每条价格线对应的价格是多少。在价格带中的价格线一定要是完整的，最好不要出现大的断档。

如方便面的价格带是3～15元，但是6～10元之间没有价格线（即没有这个价格段的商品销售），这就出现了一个较大的价格断档，这种情况要尽量避免。一定要通过价格线体现品种齐全、价格丰富、重点突出的商品形象。

（五）确定价格区

价格区可以有1个，2个甚至3个。一般来说，3个价格区就是想同时满足3个层次消费者的需求。同时卖场的陈列要为价格区服务，需要突出价格区商品的陈列，绝对不能喧宾夺主。

（六）确定价格带深度

对于传统零售卖场来说，陈列空间都是有限的，SKU太多没办法陈列，所以商品的深度基本是一个确定值。可以调整的是，不同的价格区需要配置不同深度的商品，深度不同对消费者的影响也就不同。

（三级）任务三　产品销售数据的整理方法

产品销售数据的整理是为了从大量的销售记录中提取有用信息，并将其组织成易于分析和理解的形式。以下是产品销售数据整理的方法。

（一）数据收集与汇总

从不同渠道收集销售数据，包括订单记录、销售额、销售数量、销售地区等。将收集到的数据汇总到一个统一的数据表格或数据库中。

（二）数据清洗

检查销售数据的准确性和完整性，对于有错误或缺失的数据进行清洗和修正，确保数据的可靠性。

（三）数据分类

将销售数据按照不同的维度进行分类，如按产品型号、销售渠道、销售时间等，以便后续分析。

（四）数据转换

将数据进行格式转换，比如将文本数据转换为数字格式，方便进行计算和统计。

（五）计算销售指标

根据销售数据计算各类销售指标，如销售额、销售量、平均销售价格、销售增长率等，以便评估销售业绩。

（六）数据分析

使用数据分析工具对销售数据进行统计和分析，绘制图表和报表，了解销售趋势和问题。

（七）制订销售报告

根据数据分析结果，制订销售报告，将数据的分析结果和结论清晰地呈现给相关人员。

（八）数据可视化

使用图表、图形和数据可视化工具将销售数据转化为可视化的形式，使数据更易于理解和比较。

（九）建立数据库

将整理后的销售数据存储到数据库中，以便日后查阅和使用。

（十）持续更新

销售数据是动态的，需要定期更新和维护，确保数据的实时性和准确性。

综合以上方法，产品销售数据的整理是一个系统性的过程，通过整理和分析销售数据，企业可以了解产品销售情况，发现问题和机会，优化销售策略，提高销售业绩。

（三级）任务四 供应商管理系统维护方法

供应商管理系统的维护是确保其正常运行和持续发挥作用的重要任务。以下是供应商管理系统的维护方法。

（一）定期备份数据

定期对供应商管理系统的数据进行备份，以防止数据丢失或损坏。备份可以存储在安全的地方，确保在系统出现故障时能够恢复数据。

（二）及时更新软件

确保供应商管理系统使用的是最新版本的软件，及时进行系统更新和升级，以修复漏洞和提升系统性能。

（三）安全防护措施

加强系统的安全防护措施，包括设置合理的用户权限，限制敏感数据的访问权限，防止非法入侵和数据泄露。

（四）监测系统性能

定期监测供应商管理系统的性能，确保其稳定运行和响应速度，及时解决系统性能问题。

（五）用户培训与支持

对系统使用者进行培训，提供技术支持和帮助，确保用户能够熟练使用系统。

（六）定期维护与检查

定期对供应商管理系统进行维护和检查，查找和修复潜在问题，保持系统的稳定性和可靠性。

（七）与供应商沟通

与供应商保持密切的沟通，及时了解供应商的需求和反馈，优化供应商管理系统的功能和效果。

（八）数据清理与整理

定期对系统数据进行清理和整理，删除过期或无用数据，保持系统数据的整洁和高效。

（九）性能优化

根据系统使用情况和反馈，进行性能优化，提升系统的运行效率和用户体验。

（十）灾备计划

建立供应商管理系统的灾备计划，确保在系统故障或灾害事件发生时，能够快速恢复系统运行。

维护供应商管理系统是一个持续的过程，需要不断关注和改进。通过有效的维护方法，可以保障供应商管理系统的稳定性、安全性和高效性，提升企业的供应链管理水平和效率。

（三级）任务五　产品价格跟踪系统维护方法

产品价格跟踪系统的维护是确保系统持续高效运行的关键步骤。以下是一些维护产品价格跟踪系统的方法：

一、数据更新和监控

确保定期更新和监控系统中的产品价格数据。使用自动化工具或脚本定期从数据源获取最新的价格信息。

二、数据清洗和校验

对获取的价格数据进行清洗和校验，确保数据的准确性和完整性。处理可能存在的重复、错误或缺失数据。

三、异常数据处理

建立异常数据检测机制，及时发现价格异常或不合理的数据，并进行处理，以保证数据的真实性。

四、系统性能优化

定期检查系统性能，确保系统运行流畅。优化数据库查询、索引等，以提高数据处理效率。

五、安全和权限管理

确保系统的安全性，限制访问权限，只有授权人员能够修改和访问价格数据。

六、备份和恢复策略

设定数据备份策略，确保在意外情况下可以及时恢复数据。定期测试数据恢复流程。

七、版本更新和升级

如果使用的是价格跟踪软件，及时升级到最新版本，以获得更好的功能和安全性。

八、报表和分析

利用系统生成报表和分析结果，帮助管理层了解产品价格变化的趋势和影响。

九、用户培训

对系统使用人员进行培训，确保他们了解如何正确地使用系统，以及输入和更新价格数据。

十、问题解决和支持

为系统用户提供技术支持，及时解决他们在使用过程中遇到的问题。

十一、定期审查和改进

定期进行系统维护流程的审查，寻找可能的问题和瓶颈，并进行改进。

十二、数据保密和合规性

确保价格数据的保密性，符合相关法规和合规性要求。

十三、用户反馈收集

收集用户的反馈和建议，了解他们的需求和使用体验，以便进行系统优化和改进。

十四、灾难恢复计划

制订灾难恢复计划，规划在系统故障或数据丢失时的紧急措施和恢复步骤。

综合上述方法，可以确保产品价格跟踪系统能够稳定运行、数据准确可靠，并提供有价值的价格分析信息。

习题

一、判断题

1. 选品是选品员必做的工作之一，因为不是所有产品都适合在网上销售，也不是所有产品在网上销售都有市场，那么关于选品，选品员应该掌握风格款式要大众化、质量要有保障、图片视觉效果要好、价格要合理这几个要点。（　　）

2. 产品价格分析是分析公司产品的价位与同种（或类似）产品相比孰高孰低，其差异是否构成重大影响的方法。它主要分析价位是否在消费者的承受能力之内，以及价格的变化

在多大程度上影响潜在需求和现实需求之间的转化。（　　）

3．价格带广度即价格线，价格带广度体现在价格带中的不重复销售价格的数量，每个不重复价格叫作一条价格线。（　　）

4．价格点是指在所有的价格线中，最容易被顾客接受的那一条价格线。（　　）

二、选择题

1．(　　) 是价格带中包含价格点的一个顾客的主要购买区间，也就是在价格点附近合适范围的区间，它是主要卖点区间。

A．最优价格区　　　B．价格区　　　C．理想价格区　　　D．居中价格区

三、简答题

1．供应商管理系统维护方法有哪些？

2．请简述价格线、价格点、价格区的区别及联系。

3．请简述价格带宽度、价格带深度及价格带广度的区别和联系。

4．选品是选品员必做的工作之一，因为不是所有产品都适合在网上销售，也不是所有产品在网上销售都有市场，请问你学习完产品选择方法后，对于电商选品有什么好的建议和补充？

| 项目六 |

样品搜集

【项目导读】

无论商家直播还是达人直播,对于产品,我们最常面临的问题就是"款式不够""利用率不高""单品销量深度不够",其实归根结底,是我们没有对产品进行一个符合直播逻辑的合理化细分,从而导致我们总是在混乱的货品配置中不断循环。新电商时代,选品直接关乎成败,选品员之间的竞争已经演变成供应链之间的竞争,供应链管理水平甚至成为衡量国家水平的指标之一。经济全球化使采购不再局限于国门范围之内,买家对产品有了更广泛的追求,这导致海外的产品开始广受欢迎。这也就意味着选品将不再局限于国内。那么直播样品应该怎么选呢?

本项目将介绍样品的选择方法,讲解样品寄送进度跟踪和查询方法,了解根据营销方案提出样品的具体要求,介绍样品到达时状态信息的记录方法,进而学习样品的分类管理方法。

【项目目标】

1. 能选择销售产品的样品
2. 能跟踪和查询样品寄送进度
3. 能根据营销方案提出样品的具体要求
4. 能记录样品到达时的状态信息
5. 能对收到的样品进行分类管理

(五级)任务一　样品选择方法

新电商时代,选品直接关乎成败,选品员之间的竞争已经演变成供应链之间的竞争,供应链管理水平成为衡量国家水平的指标之一。经济全球化使采购不再局限于国门范围之内,买家对产品有了更广泛的追求,这导致海外的产品开始广受欢迎。这也就意味着选品员的选品将不再局限于国内。那么直播样品应该怎么选呢?

一、直播带货选品与账号定位属性相关联

直播带货选品的视频内容要与账号定位垂直，系统才会根据你的垂直内容贴上精准标签，将视频推荐给更精准的粉丝。若账号主攻美妆，直播带货选品尽量选择美妆相关产品。一是账号使用者对产品的熟悉度高，二是也符合粉丝对账号的预期，更有助于提升产品转化。

二、亲自试用产品

账号使用者自己使用过产品，才能知道它到底是否为一款好产品？是否适合粉丝消费群体需求？有哪些特性？该怎么使用？直播时该怎么去给粉丝讲解和推荐。例如，你卖一款洗面奶，账号使用者需要事先知道这款产品适合油皮还是干皮，账号使用者自己是什么肤质，使用后是什么感觉？身边其他肤质的人使用后是什么感受？账号使用者的粉丝对洗面奶有哪些需求？你的这款洗面奶能否满足他们的需求？这些都需要账号使用者亲测过后才能得出结论，才能在直播间根据实际使用感受，向观众、粉丝推荐产品，产品才会更有说服力。

三、按粉丝需求选品

账号上的粉丝一定是因为账号使用者的特定属性能满足他们的需求才关注的，所以账号使用者选择直播带货产品时一定要了解自己的直播账号上粉丝用户属性和需求。如粉丝的年龄层次、男女比例、对产品的需求等。要了解自己的账号分析画像，可以借助数据分析工具。如飞瓜数据、卡思数据、新抖、抖大大等。

以飞瓜数据为例，在飞瓜数据博主详情的"粉丝数据分析"中我们可以了解到博主的粉丝性别、年龄、地域分布及星座情况，通过对大号的粉丝画像进行解读，从而明确自己账号的目标用户画像。根据这些需求，及时补充产品品类，满足粉丝需求。

也可以根据粉丝画像来选择商品。如果粉丝多为女性，则可以选择一些美妆护肤、穿搭类的商品；如果粉丝多为男性，则可以选择一些数码游戏类的商品。

四、选择高热度产品

与发视频"蹭热点"的逻辑一样，直播带货产品的选择也可以"蹭热度"。如端午节要吃粽子，中秋节要吃月饼。夏天的小风扇、冬天的暖手宝，又或者是当下某个时间网红、明星带火的某款产品，都是我们可以"蹭热度"的产品。在当下那个时间，人们对他们保持了高度关注，就算不买也可能会在直播间热烈讨论相关话题，提升直播间热度。还可以根据短视频数据分析工具了解抖音热门产品排行榜及抖音人气好物榜来确定直播带货选品。

五、选择高性价比产品

不管是哪个平台，高性价比、客单价低的产品都会在带货中更占优势。如某主播的直播带货产品永远都会给粉丝"全网最低价"且"无条件退换"的福利。一方面最大限度地保证了粉丝的权益，另一方面也让粉丝对主播产生了极高的信任，回头率高。大家在选品的时候，客单价最好不要高于100元，100元是用户对一个价格区间的心理底线，而且根据我们的实操，抖音上60%的爆款产品价格区间都在10~50元左右。如洗碗纸巾、钢化膜，这些抖音爆款产品，领券之后的价格都是低于50元的。

那么，怎么找到这些高性价比的商品呢？可以通过飞瓜数据的商品排行榜，快速定位到抖音近期不同品类的热门商品。

六、借助工具

学会使用工具是非常重要的运营方法，选择直播带货产品也一样。例如，我们可以通过飞瓜数据分析直播商品中哪些产品的销量好，哪些产品在直播峰值的时候销量最高，哪些产品被单击的次数最多，哪些产品交易的最多。根据这些数据，我们能够获得高销量产品的名称、品类、单价、来源等各项信息，再根据这些信息结合账号定位、粉丝需求，来选择合适的直播带货产品。如图6-1所示。

图 6-1

七、选复购率高的产品

直播带货，粉丝群体相对稳定，不容易快速增加新客户。所以，产品的购买频次一是影响收益，二是影响粉丝的活跃度，处理不当还会"掉粉"。因此选一些快消品，复购率高，将会有更好的效果。

八、利用返利网站或者 App

利用返利网站或者 App，如选单网（如图6-2所示）、大淘客这些淘客网站，或者是淘宝联盟等。比如做美妆账号，就选择美妆分类，看销量排序。这个时候会发现销量高的一些产品，它都是在抖音上经常推送的产品，这些销量大的产品，首先可以证明他们的供货能力是没有问题的。其次它销量高，证明大家都推挺好的，也是卖的比较好的一些产品。低价高佣的产品，它的品牌真的不太重要，只需要它便宜、量大，用户的购买倾向性就会非常强。而且价格适中，又有一点知名度的产品，会更好转化一些。

图 6-2

（五级）任务二　物流信息查询方法

物流信息既可以用手机，又可以用电脑查询，但前提是自己必须知道自己的物流单号信息。

一、以用手机查询物流信息为例

（一）方法一：用支付宝查询

① 进入支付宝 App，单击搜索栏，如图 6-3 所示。
② 搜索"物流查询"，如图 6-4 所示。再单击第一个搜索结果，快递物流查询，如图 6-5 所示。

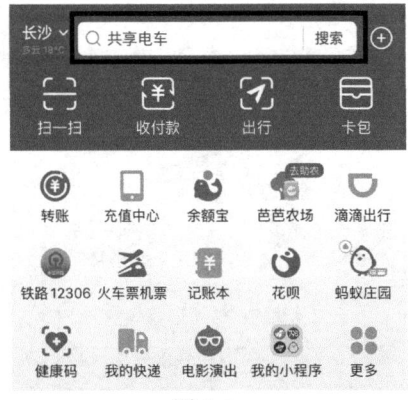

图 6-3 　　　　　图 6-4

③ 进入后，单击"快递物流查询"项，如图6-6所示。

图6-5

图6-6

④ 单击输入框，输入要查询的物流单号，如图6-7所示。
⑤ 输入后，单击"查询"按钮，即可查询物流单号信息，如图6-8所示。

图6-7

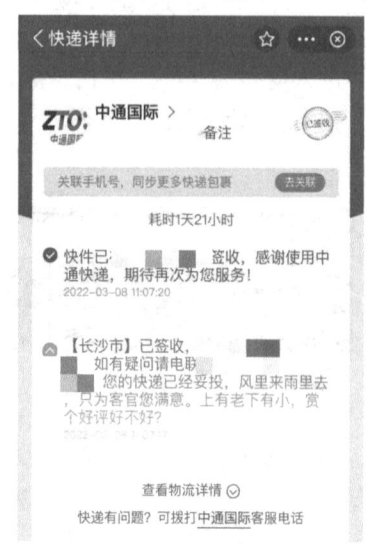

图6-8

（二）方法二：用浏览器查询

① 打开任意浏览器，单击搜索栏，如图 6-9 所示。

图 6-9

② 搜索"快递 100"按钮，可直接输入物流单号查询，如图 6-10 所示。
③ 打开浏览网页，单击进入，如图 6-11 所示。

图 6-10

图 6-11

④ 单击输入框，输入要查询的物流单号，如图 6-12 所示。
⑤ 输入后，单击"查询"按钮，即可查询物流单号信息，如图 6-13 所示。

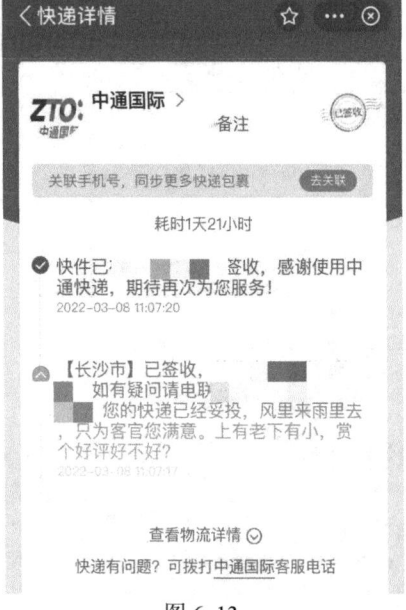

图 6-12

图 6-13

（三）方法三：用淘宝查询

① 进入淘宝 App，单击"我的淘宝"按钮，如图 6-14 所示。
② 单击"我的订单"项，如图 6-15 所示。

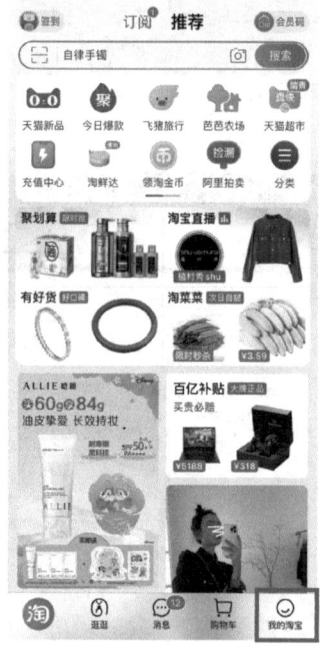

图 6-14

图 6-15

③ 找到想要查看的商品，如图 6-16 所示。
④ 单击"查看物流"按钮，即可查看物流信息，如图 6-17 所示。

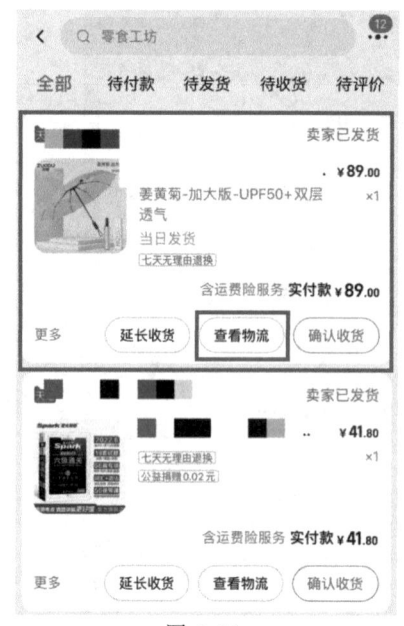

图 6-16

图 6-17

二、用电脑查询物流信息

① 打开任意浏览器，单击搜索栏，如图 6-18 所示。

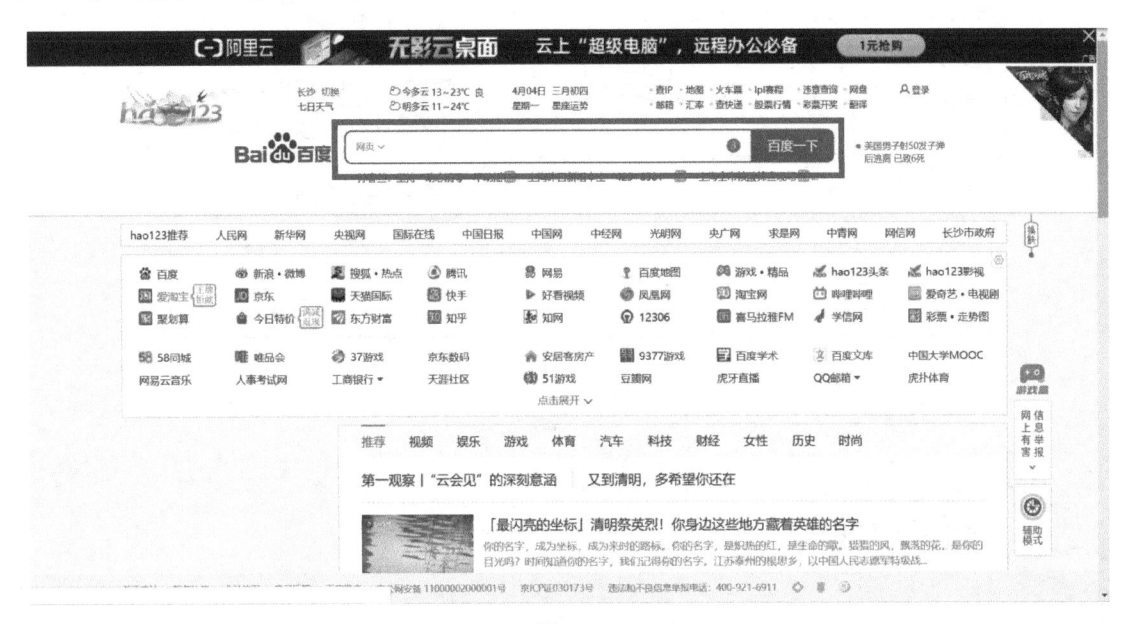

图 6-18

② 搜索"快递100"，如图 6-19 所示。

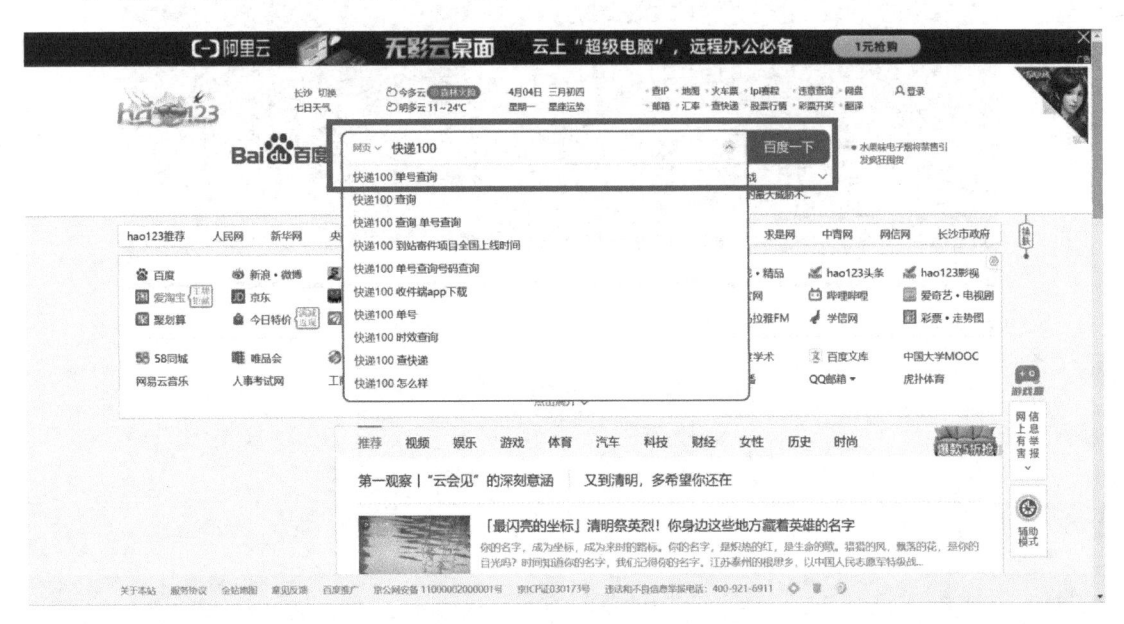

图 6-19

③ 打开浏览网页，单击进入，如图6-20所示。

图6-20

④ 单击输入框，输入要查询的物流单号，如图6-21所示。

图6-21

⑤ 输入后，单击查询，即可查询物流单号信息，如图 6-22 所示。

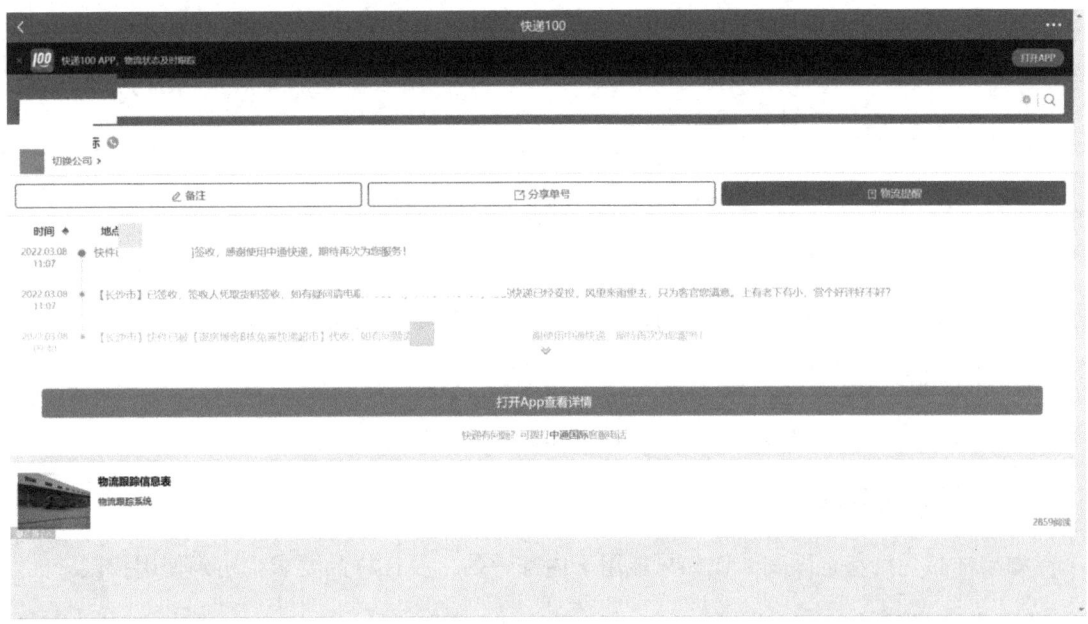

图 6-22

（三级）任务三 样品要求的提出方法

样品要求的提出方法是在与供应商或生产商进行沟通时明确所需样品的特定要求和标准。以下是样品要求的提出方法。

（一）明确需求

在提出样品要求之前，首先明确自己对样品的需求和目标。考虑样品的用途、性能、规格、数量等方面的要求。

（二）书面沟通

将样品要求以书面形式发送给供应商或生产商，确保信息准确、清晰，避免出现误解。

（三）详细描述

在样品要求中尽可能详细地描述所需样品的特点和要求。包括样品的材质、尺寸、颜色、功能等方面的描述。

（四）参考样品

如果有现有的样品作为参考，可以提供参考样品，并明确与参考样品之间的差异和改进要求。

（五）标准规范

如果涉及特定的标准规范，如国际标准、行业标准等，要在样品要求中明确相关标准和要求。

（六）样品数量

确定所需的样品数量，以确保足够数量用于测试和评估。

（七）样品交付时间

在样品要求中明确样品的交付时间，确保供应商能够按时提供样品。

（八）样品保密

如果样品属于敏感或保密类别，要在样品要求中强调保密要求。

（九）样品使用权限

如果样品受到特定限制，比如只能用于内部评估，要在样品要求中明确使用权限。

（十）交流沟通

除书面沟通外，也可以通过电话或面对面会议与供应商进行沟通，以确保双方对样品要求有充分理解。

（十一）反馈确认

确保供应商对样品要求进行了反馈确认，以便双方达成一致意见。

通过以上方法，能够有效地提出样品要求，确保所获得的样品符合预期的标准和要求，有助于满足项目或产品的需求和目标。

（四级）任务四　样品到达要求的记录方法

（一）样品接收登记

样品的接收是整个样品检测工作的第一步，也是最重要的一步。样品的接收必须由专门的样品接收人员来完成。当接收样品时，样品接收人员需要和送样人一同对样品进行各项基本数据的核对，再详细记录样品的各项数据，保证样品的原装性。当样品送达时，接收人员应立即登记到货信息。登记内容包括样品名称、数量、规格、生产日期、生产批号、发货单位、送货日期等基本信息。

（二）样品检查与验收

对样品进行初步观察，确认是否能够进行检测，接收人员对样品进行检查与验收，确保样品符合要求。检查内容包括外观是否完好，封装是否完好，标签是否清晰等。验收人员可以根据事先设定的标准进行评估，判断样品是否符合质量要求。最后，详细填写好样品接收单。

（三）样品编号与分类

当样品被接收后，需要先把样品放在待检区，再对样品进行标识，样品的标识应放置在明显醒目又不妨碍检验的地方。样品标识的基本内容包含样品的名称、编号、规格和状态等，样品标识上的文字必须清晰可见、简单明了，不会因标识的不清楚而造成样品的混淆。样品的标识是唯一能辨别样品的标签，需要存在于样品流通的整个过程中。

（四）样品的确认

当样品管理员对样品进行基本性能标识和记录后，应由检验人员对样品进行确认。检验人员需凭有效凭证，到样品库取到样品，并仔细填写样品流通证。当检验人员收到样品后，需立即对样品的基本情况进行确认，其中包括样品本身状态、是否符合对应的检测方法以及是否符合送检方的基本描述。如果发现样品本身状态不正常，或与样品和送检方描述不同，或对对应的检测内容描述不全面等情况，检验人员需记录出现的所有问题，和送检方沟通好，待疑问都消除后，才能开始检验。

（五）记录样品信息

为每个样品分配唯一的样品编号，便于后续跟踪和管理。按照前面提到的分类方法，将样品归类放置，确保样品库存的有序。

（六）样品的流通

当样品进行流通时，样品上的标识将是唯一可以辨别样品的根据。在样品检验的每个步骤中，样品上的标识都不能被破坏，无论什么情况下都不能任意改变或勾画样品上的标识，检验记录中也一直记载着样品的原始编号。当样品被加工、处理、测试和流通时，需要有效保护样品，使样品远离有害源。当检测完成后，检验人员要立即清洁好样品，送到样品储存库，由专门人员对样品进行核对和登记。

（七）样品的储存

检测室需要设置特定的适合样品储存的地方。对于不同种类的检测样品，应做到分类放置、标识一目了然，记录和实物一致。样品的储存环境需要保证样品的安全，做到无污染、无腐蚀、干燥通风。针对特定的样品，需要在特殊环境和条件下储存，需要严格把控环境指数，做好详细的记录。检测人员在对样品进行储存时，保证样品的安全性及完整性。对于易燃、易爆和有毒等危险品需要特定存放，远离其他样品，并做好醒目的标识。

（八）建立样品存档

对于需要长期保存的样品，建立样品存档，确保样品信息和历史记录的完整性和可追溯性。

（九）样品的处理

当样品检测完毕后，需要对其进行分类，参照不同种类样品各自的规范、规程和处理意见书进行适当的处理。如果检测客户需要将样品取回，也必须严格遵从样品处理规范中的规定进行样品的取回，如果样品存储一定期限后再由客户取回，需要经过申请、审核和批准后才可以取回样品。如果样品已经过了保存期，就需要实验室与送检单位进行沟通，共同处理样品。对样品进行处理时，管理员要做好记录。对于需要长期保存的样品，建立样品存档，确保样品信息和历史记录的完整性和可追溯性。

（十）样品的安全

样品管理的每一步，尤其是对样品的检测、储存和处理，都需要遵守严格的保密制度，加强对样品相关信息的保密工作。储存的样品无特别指令不能随意动用，对于有特别指令的样品，需要满足相关要求，确保达标。同时，在样品接收、流转、储存、处理和信息管理等步骤中，需采取相应的防护措施，保证样品不被破坏，机密信息不会泄漏。

样品管理要注意以下4点。
① 样品管理要制度化、规范化。
② 样品管理应建立唯一性标识。
③ 严格审查样品状态。
④ 切实做好样品存储和清理工作。

样品存储和清理工作要注意以下4点。
① 样品存储是样品管理的重点内容。
② 应建符合产品特点的存样室。
③ 严把样品的出入库关。
④ 严格执行样品销毁工作。

（十一）定期检查和更新

定期对样品进行检查和更新，确保样品的状态和质量符合要求。记录检查结果和处理措施。

（十二）签收确认

如果样品是从供应商处采购，可以让接收人员在收到样品后与供应商签署收货确认单，确认样品的数量和质量。

通过以上记录方法，可以确保样品到达要求的过程可追溯、有条理，减少错误和混淆，提高样品管理的有效性和准确性。同时，建立健全的样品记录系统，有利于日后的溯源和问题解决。

（四级）任务五　样品分类的管理方法

（一）根据属性分类

将样品按照其共同属性进行分类，例如颜色、形状、尺寸、材质等。这种分类方法可以让人们快速找到所需的样品，方便使用和管理。

（二）根据用途分类

将样品按照其用途或功能进行分类，例如不同产品的用途、实验目的等。这样可以方便用户在需要时快速找到合适的样品。

（三）根据时间分类

对于需要定期更换的样品，可以根据时间进行分类管理。比如按照过期日期、购买日期或接收日期等进行分类，确保使用样品的时限和质量。

（四）根据项目分类

如果样品用于多个项目或任务，可以根据项目名称或编号进行分类，确保样品与项目之间的关联性，避免混淆。

（五）建立样品编码

为每个样品建立唯一的样品编码，可以根据编码进行分类和查找。编码可以包含相关信息，如产品型号、规格等。

（六）使用标签或标志

在样品容器或包装上使用标签或标志，清晰标明样品的分类和相关信息，避免混淆和错误使用。

（七）制订样品管理手册

制订样品管理手册，明确样品分类和管理方法，并将其传达给所有使用和管理样品的人员。

（八）采用电子管理系统

对于量大或有复杂管理需求的样品，可以采用电子样品管理系统。这种系统可以实现样品信息的快速录入、查询和管理，提高管理效率和准确性。

（九）定期清理和更新

定期对样品进行清理和更新，清除过期、损坏或不再使用的样品，保持样品库存的整洁和有序。

样品分类的管理方法应该根据实际情况和需求进行灵活调整，确保样品能够有效地被使用、管理和维护。这将有助于提高工作效率，减少错误，保障样品的质量和可靠性。

（四级）任务六　样品试用计划的制订方法

制订样品试用计划是推广和营销产品的重要步骤之一，帮助引起潜在客户的兴趣并推动产品销售。以下是一个样品试用计划的制订方法，

一、明确目标

先要明确目标。提高品牌知名度、增加销售量还是获取用户反馈？明确目标有助于确定后续步骤。

二、选择受众

确定想要吸引的受众群体。这可能是特定行业、年龄段、兴趣等。确保您的样品试用计划针对性强，能够满足目标受众的需求。

三、选择产品

通常选择热销或新品推出的产品，以便吸引更多关注。

四、样品规格

确定提供的样品规格，包括数量、容量、型号等。确保样品足够有吸引力，能够展示产品的特点和优势。

五、制订试用期限

确定样品试用的期限，几天或者几周，取决于产品特点和受众的需要。

六、申请流程

设计样品试用的申请流程，包括用户如何申请、填写哪些信息以及是否需要支付邮费或其他费用。确保流程简单明了。

七、宣传推广

制订宣传推广计划，包括使用社交媒体、电子邮件营销、网站宣传等方式，宣传样品试用计划。确保宣传内容吸引人，能够激发用户的兴趣。

八、收集用户信息

当用户申请参加样品试用计划时，收集他们的联系信息，建立客户数据库，有助于推动后续的市场营销活动。

九、用户选择

如果申请人数众多则需要设计一个选择机制，以便从中选择合适的参与者。可以根据他们的需求、兴趣或背景进行筛选。

十、寄送样品

一旦选择了试用参与者，要及时寄送样品。确保包装完整能够安全送达。

十一、用户支持

为参与者提供必要的用户支持，回答他们可能有的问题，解决问题和疑虑。

十二、收集反馈

在试用期结束后,收集参与者的反馈。这有助于了解产品的优势和不足之处,并作出改进。

十三、评估结果

分析试用计划的结果,包括用户反馈、销售数据等。根据结果评估试用计划的成功度,并决定是否需要进行类似的活动。

十四、跟进营销

基于试用计划的结果,制订后续的市场营销策略。可以是促销活动、优惠券发放等。

十五、反思总结

在整个过程结束后,进行反思总结。了解哪些方面取得了成功,哪些需要改进,以便在未来的活动中做得更好。

通过以上步骤,您可以制订出一个有针对性、有效的样品试用计划,帮助您推广产品并吸引更多潜在客户。

习题

一、填空题

1．新电商时代,选品直接关乎成败,直播带货选品与账号定位属性_____。

2．按粉丝_____选品。账号上的粉丝一定是因为你的特定属性能满足他们的_____才关注你,所以你选择直播带货产品时一定要了解你的直播账号上粉丝_____。

3．样品要求的提出必须严格遵守_____。

4．采购项目确实需要递交投标样品,采购人应事先提出,并在招标文件中详细列明投标样品的_____等要求。

5．整个样品检测工作的第一步及最重要的一步是_____。

二、简答题

1．经济全球化使采购不再局限于国门范围之内,买家对产品有了更广泛的追求,这导致海外的产品开始广受欢迎。这也就意味着选品员的选品将不再局限于国内,那么直播样品应该怎么选呢?

2．物流信息既可以用手机又可以用电脑查询,请简述用手机查询物流信息的具体流程。

3．样品分类的管理方法具体包括哪些内容?

4．新电商时代,选品直接关乎成败,请问你学习完本项目有什么好的建议和补充?

| 项目七 |

样品试用分析与竞品对比

【项目导读】

样品试用分析有助于我们真实了解商品，更加清晰地分析出产品的优缺点，以帮助我们更好地决策，确定我们所要营销的产品。竞品分析可以帮助我们更好地找准自身产品定位，发现自身产品的优劣所在，进而推动产品的优化迭代。深层次地挖掘产品背后的逻辑，不仅有助于产品迭代，而且也能帮助团队人员实现能力提升。很多刚入行的新手在接到竞品分析时不知道从哪几个纬度作为切入点去制作竞品分析。有很多初入者在做竞品分析时都是停留在表现层，认为只是把自己的产品和竞品进行相互比较，看看对方的产品长什么样子，有什么功能就罗列出来，并没有真正地分析出来竞品为什么采用这个方案进行设计，不考虑其内在的逻辑是什么，对自己的产品应该做什么改进。

本项目将从样品试用分析与竞品对比出发，介绍样品的试用方法，讲解产品信息与样品的差异比较方法，介绍产品在不同平台间的价格比对方法，进而学习产品与竞品之间的价格、功能差异比对方法。

【项目目标】

1. 能试用样品
2. 能对比分析产品信息与样品的差异点
3. 能比对样品试用后效果与产品描述之间的差异
4. 能比对产品在不同平台间的价格并对其进行分析
5. 能比对产品与竞品之间的价格、功能差异

（五级）任务一　样品试用注意事项

样品试用是企业向潜在客户提供产品样品进行试用或体验的一种营销方式。试用过程中，为了有效地推广产品并提高客户满意度，需要注意以下事项。

一、企业角度

（一）清晰的目的和规则

在提供样品之前，明确试用的目的和规则。包括试用时长、试用范围、试用条件等，以避免产生误解或争议。

（二）目标客户群

选择目标客户群体，确保样品能够真正满足他们的需求。根据目标客户的特点和兴趣，有针对性地提供样品。

（三）提供足够信息

向客户提供充分的产品信息，包括产品特点、优势、用途等，让客户了解样品的价值和适用性。

（四）试用期限控制

设定合理的试用期限，确保客户有足够的时间充分体验产品。同时，避免过长的试用期限，以防止出现滥用试用行为。

（五）收集反馈

主动收集客户的试用反馈，包括产品的优点、不足之处和改进建议。这些反馈对产品改进和市场推广非常有价值。

（六）处理客户疑问

及时回答客户在试用期间的疑问和问题，增加客户对产品的信心和满意度。

（七）遵守法规

确保样品试用活动符合相关法律法规和行业规范，避免涉及虚假宣传、欺诈等问题。

（八）跟进客户

试用期结束后，及时跟进客户，了解他们对样品的整体感受和体验。根据反馈结果，决定是否继续合作或进行进一步优化。

（九）调整营销策略

根据试用活动的反馈和效果，对营销策略进行调整和优化，以提高试用活动的效果和推广效果。

通过以上注意事项，样品试用活动可以更加有效地促进产品的推广和销售，同时提高客户对产品的认知和满意度，增强客户忠诚度。

二、试用者角度

（一）确认保质期

众所周知，很多样品都是有保质期的，在购买样品的时候，试用者一定要看好有效期限。在进行使用的时候，还需要检查下样品的生产日期和有效期，必须在样品有效期之内进行使用。另外，如果保存不当，即使是在有效期之内，样品也可能会出现变质的情况，变质的样品是不能够继续使用的。

（二）确认样品真假

所使用的样品尽可能地与跟被测样品的化学成分相同，这一点十分重要。

（三）尽量保持商品原样

对于贵重、非消耗型的样品，需要保持样品原样；另外，对于需要归还给样品提供方的样品，也需要在退还前尽量保持商品原样。

如果在使用标准样品的时候，能够了解上述这些内容，那么就能够让标准样品在使用过程中发挥出最大的作用。

（五级）任务二　产品信息与样品的对比方法

根据产品的不同，产品信息与样品的对比方法也就不同。通常情况下先是将产品外观与产品记录信息进行对比，再进行更深层次的对比。

（一）直观对比

① 直接对产品信息与实际样品进行对比，观察是否一致。比较产品的外观、颜色、形状、尺寸、气味等与样品是否相符。
② 检查样品是否符合产品信息中描述的特点和功能，如性能、材质、功能等。

（二）功能测试

① 对样品进行功能测试，验证其是否符合产品信息中所具有的功能。
② 检查样品的实际性能是否符合产品信息中的技术参数和规格要求。

（三）材料检查

① 如有需要，对样品的材料进行检查，确保其与产品信息中所述的材料相符。
② 验证样品的材质是否符合产品信息中的描述和承诺。

（四）规格对比

① 对产品信息中的规格与样品进行对比，确保样品的尺寸、重量等规格与产品信息

相符。

② 对比样品和产品信息中的包装规格，确认是否一致。

（五）用户反馈

① 收集用户对产品信息和样品的评价与反馈，了解用户对产品是否符合预期和期望。

② 倾听用户的意见和建议，了解产品是否满足用户需求。

（六）客观数据对比

① 使用测试仪器或设备对样品进行测试，获得客观的数据，与产品信息中的技术参数进行对比。

② 如产品信息中标明的性能指标，可通过测试数据验证样品的实际表现。

（七）样品台账记录

在样品台账或电子数据库中记录样品信息，包括样品名称、编号、规格、状态、验收日期等，以确保样品信息的准确性和可追溯性。

以上方法可以帮助企业确认产品信息与样品的一致性，确保产品的描述和承诺与实际样品相符。通过对比，企业可以及时发现问题并采取措施，确保产品质量和用户满意度。

（四级）任务三　样品体验方法

样品体验是产品推广的重要一环，可以帮助潜在客户更好地了解和感受您的产品。以下是一些常见的样品体验方法，可以根据您的产品类型和目标受众进行适当的选择：

一、免费样品分发

提供免费样品，可以通过线上活动、展会、门店等方式分发给潜在客户。确保样品数量充足，以满足需求。

二、试用包装

设计精美的试用包装，包含小样、产品介绍和使用指南。这可以增加样品的吸引力，让用户更愿意尝试。

三、赠品附赠

将样品作为购买产品的附赠品。这可以刺激购买欲望，同时增加用户对产品的试用机会。

四、体验活动

组织线下或线上的体验活动，让用户可以亲自尝试产品。例如，美妆品牌可以举办化妆示范，食品品牌可以举办品尝活动。

五、试用期计划

设计有限期的试用计划,让用户可以在一段时间内免费试用产品。这有助于用户更深入地体验产品的效果。

六、产品样本包

将多款产品的小样打包成样本包,让用户可以一次性尝试多种产品。这对于化妆品、护肤品等多样性产品有吸引力。

七、虚拟试用

如果您的产品是数字化的,可以提供虚拟试用体验。例如,软件可以提供试用版,游戏可以提供部分免费游玩时间。

八、用户生成内容活动

鼓励用户在社交媒体上分享他们使用产品的照片、视频或体验感受。这有助于扩大产品影响力。

九、体验礼包

将样品与其他相关产品或优惠券一起打包,形成完整的体验礼包。这可以增加样品的价值感。

十、使用指南

提供详细的使用指南,帮助用户正确使用产品。这有助于用户更好地体验产品的效果。

十一、用户参与活动

在用户体验的基础上,组织一些互动活动,如问答、投票等,让用户感受到他们的声音被重视。

十二、口碑营销

将样品分发给影响力较大的社交媒体用户或意见领袖,让他们分享产品体验,以扩大产品影响力。

无论选择哪种方法,都要确保样品的质量和体验能够真实反映产品的特点和优势。同时,及时收集用户的反馈,以便不断改进和优化样品体验策略。

(四级)任务四　平台搜索技巧

在使用各种在线平台进行搜索时,一些技巧和策略可以帮助您更快速、准确地找到所需信息。以下是一些平台搜索的技巧:

一、关键词选择

使用与您搜索内容相关的关键词。尽量使用简洁但具体的词汇，避免过于模糊的关键词。

二、引号搜索

使用双引号将短语或具体的词组括起来，以获得包含完整短语的结果，避免分散的相关结果。

三、排除关键词

使用减号（-）排除与您搜索内容无关的词汇，以减少干扰性的结果。

四、通配符

在关键词中使用星号（）作为通配符，以匹配多种变体。例如，"生态"可以匹配"生态系统"、"生态学"等。

五、网站限定搜索

在搜索框内输入关键词，后跟"site:网站域名"，可以限制搜索结果来自特定的网站。

六、文件类型搜索

在关键词后面加上"filetype:文件类型"，可以搜索特定文件类型的内容，如 PDF、PPT 等。

七、时间范围限定

对于特定的时间范围内的信息，使用搜索引擎提供的时间过滤选项，以获取最新或特定时期的结果。

八、高级搜索选项

使用搜索引擎的高级搜索选项，可以更精确地设置搜索条件，如特定网站、文件类型、日期范围等。

九、搜索建议

根据搜索引擎提供的搜索建议来补充或修改关键词，以获取更相关的结果。

十、专业搜索引擎

对于特定领域的搜索，可以使用专门的学术搜索引擎（如 Google Scholar）、技术领域搜索引擎等。

十一、语法搜索

使用搜索引擎的高级搜索语法，如 AND、OR、NOT 等，可以更精确地组合多个关键词。

十二、搜索结果预览

预览搜索结果的摘要或描述，以确保它们与您的搜索内容相关。

十三、图像搜索

使用图像搜索功能，可以上传图片或输入图片的链接，搜索相关图片或识别物体。

十四、音频/视频搜索

使用音频或视频搜索引擎，搜索相关的音频或视频内容。

十五、搜索引擎设置

在搜索引擎设置中，可以自定义搜索偏好、语言、地区等选项。

根据您的具体需求，灵活运用这些搜索技巧，可以提高搜索效率，找到更准确的信息。不同的搜索引擎和平台可能具有不同的功能和选项，因此在使用时要根据实际情况进行调整。

（四级）任务五　产品竞价分析

产品竞价分析是指对特定产品在电商平台上对竞价情况进行综合评估和对比分析，主要用于了解产品在竞争环境中的表现以及竞价策略的有效性。以下是产品竞价分析的主要内容。

一、产品竞品分析

产品竞品分析是企业市场营销和战略管理中极为重要的一环，产品竞品分析做得好不好，关系到企业产品在竞争产品中能否取得优势，占据有利的市场地位。对与目标产品类似或会产生直接竞争的其他产品进行分析。包括竞争产品的价格、品质、销量、用户评价等信息，从而了解市场上其他类似产品的竞争情况。

（一）确定分析目标

产品竞品分析需明确竞品分析的重点和需要解决的问题，因为只有先确定好所需分析的目标才能继续开展后续工作，这也就是说企业需要先确定好所需分析的目标竞品，一般都是选择与业务相同或者相关的产品。

（二）收集目标信息数据

产品竞品分析是指对现有的或潜在的竞争产品的优势和劣势进行评价。所以，要对产品竞品进行分析，就需做好竞品口碑监测。通过搜集分析竞争产品的相关评价信息，从而进行对比分析，优化自身产品。由于信息发布传播渠道众多，竞品评价信息来源渠道也随之广泛，为了确保产品竞品信息搜集具有全面性，企业可采用"五节数据"的舆情监测系统来自定义监测目标，进行7×24小时实时监测。

（三）逐项罗列对比分析竞品

竞品信息搜集完成后，需对产品竞品进行对比分析。一般可以从多个维度进行分析，如战略定位、盈利模式、用户群体、产品功能、数据和技术等对产品和竞品进行逐项罗列对比和分析优劣。因此，企业可利用"五节数据"的舆情监测系统对竞品相关信息进行动态实时追踪分析，生成详细深入的分析数据，可从中提炼出有价值的数据信息作为参考，有利于企业更快速地获取到有价值的信息。

二、产品排名与展现情况

分析目标产品在电商平台上的搜索排名以及在搜索结果中的展现情况。了解目标产品在关键词搜索中的曝光度，有助于评估产品的曝光度和竞争力。

三、竞价广告投放情况

分析竞争产品是否在平台上进行了竞价广告投放，以及投放的关键词和广告形式。通过了解竞争对手的竞价广告策略，可以优化自己的竞价广告计划。

四、价格策略分析

对竞争产品的价格进行对比分析。了解竞争对手的定价情况，判断是否需要调整自己的产品价格以增强竞争力。

五、关键词竞争度分析

分析目标产品所涉及的关键词竞争度。了解关键词的竞争情况，帮助确定优化关键词的选择和投放竞价广告的策略。

六、广告转化率分析

对竞价广告的转化率进行分析。了解竞价广告带来的实际转化情况，评估广告投放的效果。

七、用户评价与反馈

分析竞争产品的用户评价和反馈。了解竞争对手产品在用户心目中的形象和口碑，从而优化自己的产品和服务。

八、市场趋势分析

对产品所处市场的整体趋势进行分析。包括市场需求、竞争态势、用户偏好等方面的分析，帮助制订更具针对性的竞价策略。

通过综合分析以上内容，企业可以更好地了解产品在电商平台上的竞争情况，优化竞价策略，提升产品的竞争力和销售效果。

（三级）任务六　产品和竞品价格及功能的比对方法

一、价格对比方法

① 列出产品和竞品的价格，直接进行数字对比，找出价格的差异。
② 计算产品和竞品价格之间的百分比差异，以衡量价格优势或劣势。
③ 分析产品和竞品的价格变化趋势，观察是否存在季节性或周期性的价格波动。

二、功能对比方法

① 对产品和竞品的主要功能进行逐项对比，了解各项功能的异同。
② 分析产品和竞品功能的覆盖范围，确定是否有功能上的缺失或特色。
③ 观察用户评价和反馈，了解产品功能的实际表现和满意度。

三、综合评估方法

① 为价格和功能设定不同的权重，根据实际需求综合比较产品和竞品的综合表现。
② 使用 SWOT 分析法，评估产品和竞品的优势、劣势、机会和威胁，帮助制订竞争策略。
③ 进行市场调研，了解目标消费者对于价格和功能的偏好和需求，指导产品优化和定价策略。

四、用户反馈收集方法

① 通过在线调查问卷、用户评论等方式收集用户对产品和竞品的评价和反馈。
② 利用社交媒体、论坛等渠道监测用户的讨论和意见，了解用户真实的体验和感受。
③ 组织焦点小组讨论，直接听取用户的意见和建议，挖掘产品改进的方向。

习题

一、填空题

1. 产品不同，产品信息与样品的对比方法也不同。产品信息与样品的对比方法包括_____。

2. 产品竞品分析是企业市场营销和战略管理中极为重要的一环，产品竞品分析做得好不好，关系到企业产品在竞争产品中能否取得优势，占据有利的市场地位，产品竞品分析的流程是_____、_____、_____。

3. 什么都可以拿来对比，想_____什么就对比什么。

二、简答题

1. 样品试用注意事项有哪些？
2. 请简述产品信息与样品的对比方法。
3. 请简述产品和竞品价格及功能的比对方法。
4. 在电商平台上有许多产品之间存在对比，这样可以使我们迅速了解到自己产品的优劣势，请问你学习完本项目后对对比的表现方法有什么好的建议和补充？

| 项目八 |

营销卖点分析

【项目导读】

卖点营销是市场营销中引发消费者购买欲望的一种销售手段或技巧,具体地说是企业为展示自己产品的特点、优点而提炼的语言和演示。在产品多如牛毛的大环境中,每一个用户都患上了"选择焦虑症",我们要思考的是如何帮助用户更高效地做选择,这个时候产品卖点定位就尤为重要了。分析卖点是每一个做营销,写文案的人首先要思考的问题,卖点写得好,成交率更高;卖点写得好,识别度就高,用户就能在第一时间记住你,对你的产品产生兴趣,建立信任感,成交就是水到渠成。因此,我们到底应该怎么分析自己产品的主打卖点呢?

本项目将从互联网营销中的核心营销卖点分析出发,介绍产品优缺点的汇总方法,讲解产品介绍的编写方法,了解自身营销定位进而选择合适的产品进行营销,最后学习结合自身营销定位编写产品的营销话术。

【项目目标】

1. 能汇总产品的优缺点
2. 能根据产品特点编写产品介绍
3. 能结合自身营销定位选择适合的产品
4. 能结合自身营销定位编写产品的营销话术

(五级)任务一　产品优缺点汇总方法

对于产品的优势与劣势分析,必须站在产品的立场,全面地进行分析,包括各个方面。如以图 8-1 拉杆箱为例。

① 熟悉自己产品的生产流程,或是服务流程,明确产品能为客户带来什么,与自己类似的产品做对比,明确自身的优与劣。如拉杆箱,市场上的种类繁多,找到与之类似的进行比较,如比价格,如图 8-2 所示。

图 8-1

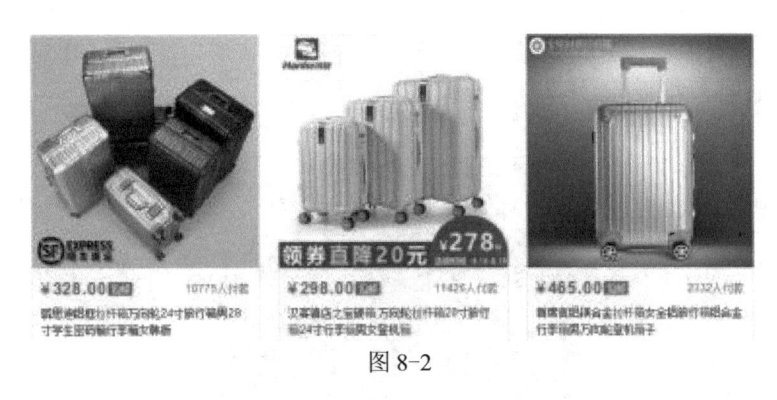

图 8-2

② 与类似的产品比质量，找到产品的差距。如图 8-3 所示。

图 8-3

③ 在众多相似产品中比设计，找到产品的与众不同之处。如图 8-4 所示。

图 8-4

④ 比售后服务，越来越多的人注重售后服务，完善的售后会成为一大优势，客户的评价也是自身产品的一大优势。如图 8-5 所示。

新款箱子，价格实惠，比较坚实，做工很好，无划痕，无凹凸不平。轮子顺滑，静音，拉着轻便。铝镁合金厚度一般，有一定的重量，差不多10斤。内部没有垫子之类的，只有一层布，可以最大的扩展使用空间。缺点就是箱子上下盖起来不够紧合，如果不放东西在箱子里，用力压箱子中部容易凹陷。金属箱子够硬，但是也有一定的弹性。
03.28

解释：非常感谢亲的大力支持，咱们力争把每一件产品都做到极致，材料，设计，质量，都是非常优秀的 对于亲的建议我们这边已经反馈到工厂，我们也在不断进步，争取呈现最好的一面给亲 USO期待亲的下次光临哦

图 8-5

⑤ 比品质，人们已经开始追求更高品质，优秀的品牌形象，优质的产品质量也是产品的一大亮点。如图 8-6 所示。

图 8-6

只有经过对比，市场考证，客户使用感受，多方面的考究才能得到产品的优势与劣势，优势要持续保持，劣势要想尽办法对其进行提升。优势是产品所特有的，劣势是产品在某方面表现得不足。正确的分析可以得到公正的科学结果。最好的分析就是做对比。如图 8-7、图 8-8 所示。

图 8-7

图 8-8

（五级）任务二　产品介绍的编写方法

无论什么产品，都应有一个基本的产品介绍，不仅表明产品是什么，也告诉了消费者有关产品的细节；这不仅是对消费者的负责，也是对产品本身的一种变相推广法，只有消费者看到了产品的描述才能奠定购买的基础。产品介绍有如下注意事项。

一、产品简介

产品简介是产品介绍中最为关键的部分，也是说明产品是什么的部分。如饮品、保健产品、电子产品、减肥产品等，这是对产品本身的总体概况，包括产品的名称、用途、技术甚至产地、厂家等信息，但点到为止，仅做个简短的说明，不需要展开，消费者一眼就能看出这件产品是否为自己需要。如图 8-9 所示。

商品详情	评价				手机购买
品牌名称：左都					
产品参数：					
品牌：左都		材质：银胶		颜色分类：西柚粉-轻巧款-UPF50+双层…	
伞布：碰击布		是否自动：全自动		货号：ZDZ5105D	
半径：48cm(含)-53cm(含)		伞面涂层：银胶		上市年份季节：2020年夏季	
伞的种类：遮阳伞		适用对象：成人		性别：男女通用	
伞杆材质：不锈钢		款式：五折伞		设计使用年限：5年	

图 8-9

二、产品功能

产品功能也是需要简要说明的部分之一，如减肥产品需要说明健康瘦身，或者瘦腿、瘦腰、瘦肚子等，电子产品需要说明录音、录像、电子书、电影等功能，药品则需要说明治疗效果、针对的病症等,有时名称不同,但表达的是一个意思。如图 8-10 所示。

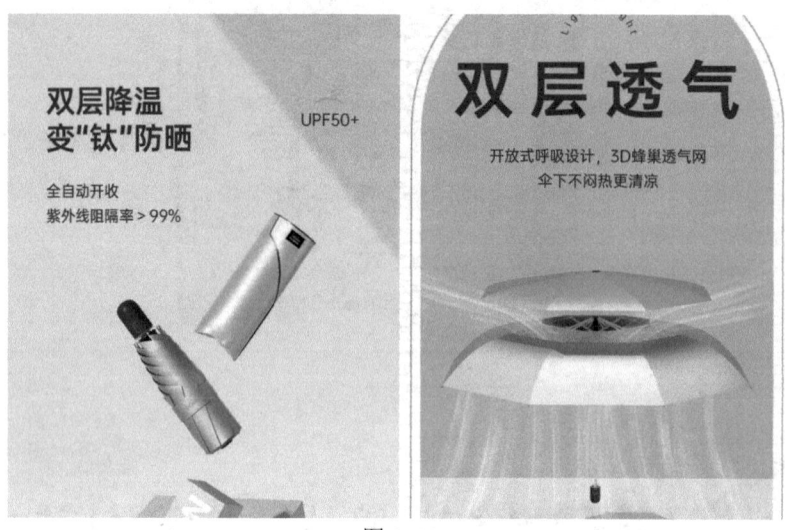

图 8-10

三、产品原理

不同的产品写法大致相同,如配料什么、配料具有哪些功能、借助某些材料的功能从而实现什么功效等。要讲述这件产品为什么能够实现这些功效,让消费者相信产品的功效有迹可循,能够实现而不是欺骗消费者。其中这部分科技含量占比较重,比较专业。如图 8-11 所示。

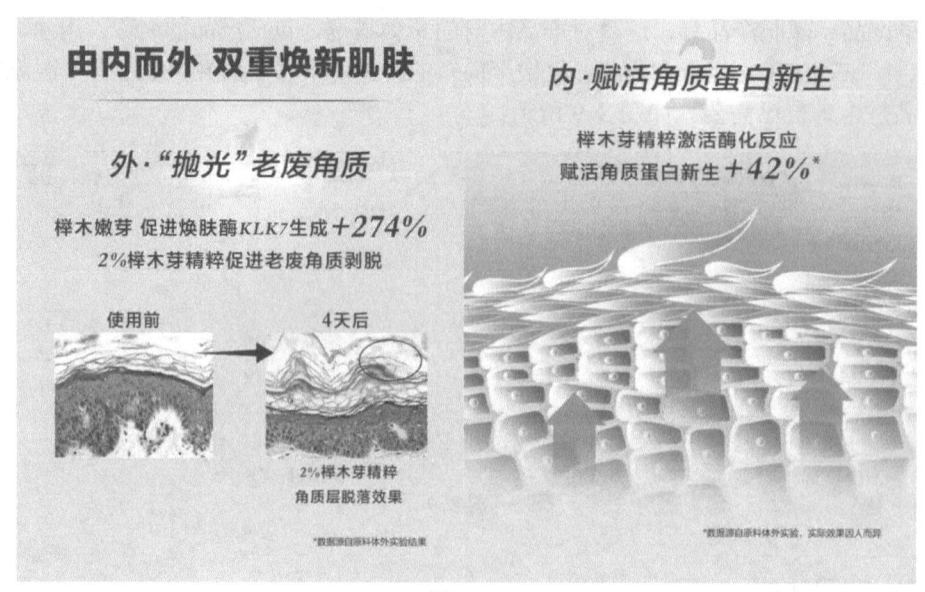

图 8-11

四、产品保质期、注意事项、使用方法等

这些基本的元素与产品的说明书大同小异，必须体现消费者关心的基本问题，以免出现各种不良后果。在保健产品、药品中尤其重要，什么群体不能使用，或者使用时需要注意什么，都是非常关键的部分。且需要简明扼要，写得准确甚至精确，不会误导消费者。如图 8-12 所示。

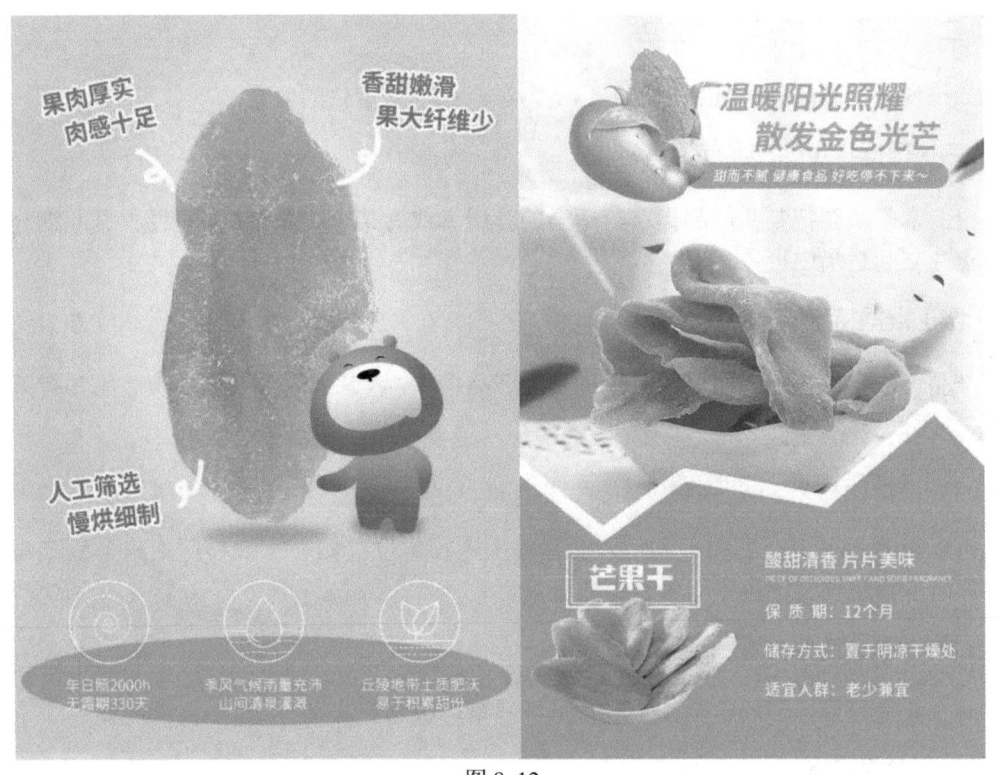

图 8-12

五、其他

在做产品介绍时，建议大家详细了解产品的特性，全面统筹安排，同时可以借鉴相关相似产品的产品介绍，把各种项目全面而完善地体现出来。可以把自己当作消费者，把自己所关心的问题都能得到解决作为一个衡量的标准。

（四级）任务三　营销定位的方法

购买者并非对某一品牌与其他品牌的所有差别都感兴趣，因此企业对每一项差异都做详细的说明是没有必要的，企业应该针对目标市场找出几个重要的差异性，并加强宣传，这一过程实际上就是定位的过程。

一、目标市场定位的方法

目标市场定位的方法可以归纳为如下五种。

（一）以特定的产品特性来定位

特别是新产品，产品的某些特性往往是竞争对手所无暇顾及的。这种定位往往容易收效。

（二）根据特定的产品来定位

如果使老产品找到一种新用途，也是为该产品创造定位的好方法。

（三）根据特定的产品使用者定位

企业常常试图把某些产品指引给适当的使用者或者某个细分市场，以便根据此细分市场的特点建立起适当的形象。

（四）根据特定的产品档次定位

产品可以定位为与其相似的另一种类的产品档次，或者强调与其同档次产品具有某些方面的差异特点。

（五）对抗另一产品的定位

可以在暗示另一产品的不利特点的基础上进行定位。如一家饮料厂生产无色饮料来定位，以暗示有色饮料的色素对人体健康不利。

二、市场战略定位

对企业进行目标市场定位，一般有三种战略可供选择。

（一）发掘战略

即通过发掘市场上未重叠的新区进行定位。当企业对竞争者的位置、消费者的实际需求和自己的产品属性等进行评估分析后，发现现有市场存在缝隙或者空白，这一缝隙或者空白有足够的消费者可以作为一个有潜力的区域。并且企业发现自身的产品难以正面匹敌，或者发现这一潜在区域比老区域更有潜力。在这种情况下可以采取发掘定位战略。

（二）跻身战略

当企业发现目标市场竞争者众多，但是细加分析，发现该区域内市场需求的潜力很大，而且企业也有条件适应这一区划环境，企业就可以采用跻身战略，进入该区划，与众竞争者分享市场。

（三）取代战略

即把对方赶下现有的市场位置，由本企业取而代之。采用这一战略定位，企业必须比竞争对手具有明显的优势，必须提供更优于对方的产品，使大多数消费者乐于接受本企业的产品，而不愿意接受竞争对手的产品。

三、防止定位错误

企业应该针对其目标市场找出几个较为重要的差异性，然而当企业对其品牌所拥有利益推广得越多时，则越容易使人产生不信任感，而且也越容易失去其清晰的定位形象。反之当然也不行。因此，作为企业来说定位时应该注意避免以下的错误。

（一）定位不明显

有些企业定位不够明显，往往使顾客心中只有模糊的企业形象，认为它与其他企业并无差异。

（二）定位过于狭隘

有些企业恰好相反，过分强调定位于某一狭隘区间，使顾客忽视了企业在其他方面的表现。

（三）定位混淆

购买者对企业的品牌形象产生混淆。造成这种情况可能是因为企业宣传产品的利益太多，也可能是企业的品牌定位过于频繁。

（四）有疑问的定位

由于企业没有注意品牌的整体形象，出现一些矛盾的定位宣传。

四、定位策略

定位就是心智之战，针对不同的企业，我们应该有如下具体的定位策略。

（一）策略一：避强的垂直化定位

避强定位，这是一种避开强有力的竞争对手的市场定位，可以错开热门市场区域、错开热销品类等，在长尾市场中寻找机会。其优点是：可以避开竞争对手的关注，能够迅速地在市场上站稳脚跟，并能在消费者或用户心目中迅速树立起自身的形象。由于这种定位方式市场风险较小，成功率较高，常常为多数企业所采用。

（二）策略二：针锋相对的对抗性定位

这种对抗性定位是一种与在市场上占据支配地位，即最强的竞争对手"对着干"的定位方式。显然，这种定位有时会产生危险，但不少企业认为能够激励自己奋发上进，一旦成功就会取得巨大的市场优势。

（三）策略三：找弱点的对立性定位

这种对立性定位是强竞争性导向（非用户需求导向），是与对手显著差异化的定位，适合市场已经相对饱和、后发创业的品牌。

这种定位的逻辑必须有一个能够对标的竞品，最好是行业最大、知名度最高的竞品，这样的对立才有价值，才能被用户立马感受到，才能跳出同质化竞争的市场。针对这个竞品，其最与众不同的优势为要么人无我有，即拥有对手还不具备的优势；要么人有我强，即拥有对手还没有重点强化的特点，准备做到最好。

从形式上来讲，对立性定位往往在广告语言上会使用"更""比""没有""增加""不是……而是……"等字词，体现对比优势，并且一破一立，很容易带给对手不利的联想。

（四级）任务四　产品营销话术的编写方法

现在很多行业都需要销售人员，销售人员是产品送达给顾客的一个重要的环节。而话术又是销售人员最为重要的推销方法，话术地位可见一斑。其实话术也是有很多技巧的，大体有如下步骤。

（一）熟悉业务

首先，就是要对你的业务十分熟悉，假如你推销的是房子，那么你就要对房型、房价、物业、地理位置、环境等一系列产品特质有所了解，立体式地推荐给顾客，让顾客对产品有一个大致的了解。

（二）自信大方

有些销售人员因为不了解业务，说话没有底气，没有自信，这会使顾客觉得你不专业。因此，要自信大方地展示的专业内容。

（三）态度亲和

销售或多或少都会遇到一些顾客的反感，有时顾客的态度不是很好，作为销售可能会生气，但是如果要想把产品推销出去，还是要端正态度，以柔克刚。

（四）去繁就简

对于销售话术，叙述产品要简洁。顾客很难做到长时间地听着你的介绍话术，所以话术一定要简洁，说最重要的。

（五）突出特色

销售话术要突出产品的特点。尤其是你所推销的产品，要有优于其他同类产品的地方，吸引顾客的注意。

（六）适当包装

对于所推销的产品，可以进行适当的语言包装。给顾客一种优质产品的印象。

（七）抓住需求

和顾客说话时，要快速寻找到顾客的实际需求。比如顾客想买房子，比较看重房子的物业，你就要重点说这个。

（八）学会取舍

无论你推销什么，一定是有这方面需求的，否则顾客就会无动于衷，还会让顾客感到反感。对于没有兴趣的顾客，要果断放弃。

最后，需要注意的是，态度决定一切，态度在产品营销中非常重要。

习题

一、判断题

1．对于产品的优势与劣势分析，必须站在产品的立场，全面地进行分析，包括比价格、比质量、比设计、比售后服务、比品质。（　　）

2．产品简介是产品介绍中最为关键的部分，也是说明产品是什么的部分。（　　）

3．购买者并非对某一品牌与其他品牌的所有差别都感兴趣，因此企业对每一项差异都作详细的说明没有不必要的，企业应该针对目标市场找出几个重要的差异性，并加强宣传，这一过程实际上就是定位的过程。（　　）

4．目标市场定位可以根据竞争企业来定位。（　　）

二、简答题

1．无论什么产品，都应有一个基本的产品介绍，这不仅表明了产品是什么，也应该告诉消费者有关产品的细节，这不仅是对消费者的负责，也是对产品本身的一种变相推广法，只有消费者看到了产品的描述才能奠定顾客购买的基础。产品介绍应当包含哪些内容？

2．请简述目标市场定位的方法。

3．请简述企业进行目标市场定位的战略。

4．现在很多行业都需要销售人员，销售人员是产品送达给顾客的一个重要的环节。而话术又是销售人员最为重要的推销方法，话术地位可见一斑，请问你学习完本项目有什么好的建议和补充？

项目九

商谈合作方式

【项目导读】

今天的时代是市场经济的时代，市场经济是广泛的交往经济，离不开与各种类型的人合作，只有选择合作，才能成为最具竞争力的一族，要成为"国际人"，更需要高超的合作能力。没有合作的能力，就不可能适应我们这个时代；今天的时代要求我们广泛的合作，我们也只能适应时代的要求，没有人能够独自成功；只有运用合力，善于合作，才有强大的力量，才能把蛋糕做大，把事业做大、做强。这就迫切要求我们每个人都应具有合作能力；商务合作最大的特点和优势是能够在投入资金有限的情况下，利用自己手中已有的资源实现营销推广、扩大收益的目的，可以让手中的资源发挥最大的效用。且适合于任何规模的公司、单位，甚至个人。商务合作确实很难，有太多不确定性和潜在风险，这也是它在现代商业中越来越重要的本质原因。成功的关键是如何深入挖掘自身资源，有效扩大资源价值。所以这就需要我们在实际操作时，充分发挥想象力，合作方式不要拘于一格，好的合作创意将能带来更佳的效果。

本项目将从商务合作的商谈合作方式入手，介绍商议产品的报价方法，讲解合作协议的签订方法以及合作建议的提出方法，了解合作方式结算方案的设计，介绍产品营销方案的制订方法，进而学习不同营销方式合作风险的判定方法。

【项目目标】

1. 能商议产品的报价
2. 能与商家签订合作协议
3. 能根据产品特性提出合作建议
4. 能设计合作方式的结算方案
5. 能根据企业需求制订产品营销方案
6. 能判定不同营销方式的合作风险

（五级）任务一 产品报价商议方法

在采购过程中，价格谈判是一个必不可少的环节。选品员有必要掌握价格谈判的技巧，这样才可以直击供应商的价格底线，为自己争取更多的利益。选品员要在进行价格谈判前充分了解对手，巧妙地识局和布局。此外，选品员要在面对强势的供应商时随机应变，打破僵局，降低采购成本。

一、总体布局：牢牢掌握主动权

对于选品员来说，价格谈判的关键就是掌握主动权。对于选品员如何掌握主动权有如下内容。第一，摸清对方的底牌，设立明确的目标；第二，进退有度，逐步增加供应商的压力；第三，分析全局，分清主次；第四，选择合适的时机，当断则断，不犹豫。这4个技巧可以帮助选品员在谈判过程中占据有利地位。

（一）探明对方底线，目标明确

选品员要知道供应商的底牌，才能步步为营，赢得主动权。如果选品员无法在谈判前得知供应商的底牌，也不要过于着急，还可以在谈判的过程中摸清底牌。这里要特别强调两个细节：一是听，二是问。正确地听和问可以帮助选品员掌握主动权。

（二）适当增加对方的压力，以退为进

在谈判的过程中，选品员要做到进退有度，逐步向对方施压。如果直接强硬施压，反而容易导致谈判破裂。总之，选品员要做到该进则进、该退则退，把握原则性问题不放松，巧妙运用各种手段逐步向对方施压。因此，向供应商施压的措施有以下内容。如图9-1所示。

（三）分析全局，不纠结于小事

在谈判的过程中，双方往往会对多个问题进行协商。这些问题有主要的，也有次要的。无论谈判是否顺利，双方都要以大局为重，分清主次，切勿因小失大。特别是在出现矛盾时，双方更要保持冷静，顾全大局。如果有必要，还可以舍弃次要利益。

选品员要在谈判前确认此次谈判的重点在哪里，要达成哪些目标，主要目标是什么，次要目标是什么，有哪些可以退让的方面，有哪些原则和底线必须坚守。另外，谈判团队的成员也要相互配合，以更好地达成目标。因此，在分清主次方面，选品员需要注意以下地方。如图9-2所示。

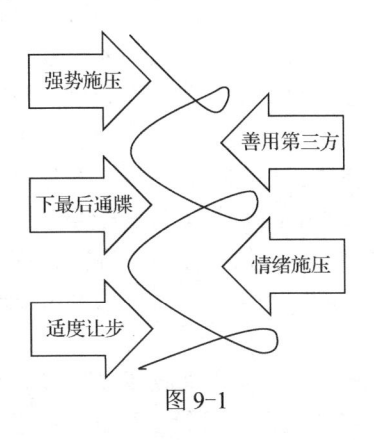

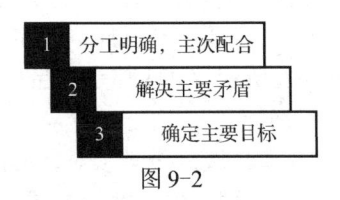

图 9-1

图 9-2

二、掌握方法：大幅提高成功率

在谈判的过程中，没有掌握合适的方法很可能会使双方陷入僵局，导致双方因为暂时不可调和的矛盾而出现对峙的情况。为了解决这些问题，选品员需要采取一定的措施。例如，在了解价格行情的基础上向供应商询价；降低供应商的底线，合理砍价；等等。当然，协定议价、间接议价也非常实用，有利于提高谈判的成功率。

（一）明晰价格行情，询价有策略

询价是影响整个谈判的关键环节，选品员要善于运用一些策略。供应商的报价通常有技巧，选品员也要掌握询价策略，争取掌握谈判的主动权。选品员有必要让供应商提前准备好询价所需的文件。也就是说，完整且正确的询价文件既可以帮助供应商在最短的时间内提出正确、有效的报价，也能够让选品员顺利进行谈判。选品员要了解货物的基础知识、市场行情、供需状况、价格波动，还要掌握供应商的情况，如运营水平、业内信誉、合作记录等。

很多时候，询价不一定只是询问价格，还要对供应商的货物有全面把握。因此，选品员在谈判前需要了解供应商的五大方面。如图9-3所示。

1. 基础信息
2. 货物数量
3. 说明书
4. 货物品质
5. 交货期限和包装

图9-3

① 基础信息。在询价单上，供应商通常会提供货物的基础信息，包括货物的名称及特殊编号，如图9-4所示，这也是选品员必须关注的一个方面。例如，供应商给选品员定制了一批有名称和特殊编号的货物，这就相当于让货物拥有了身份证号。无论是当下的谈判还是日后的合作，选品员都要了解并掌握其基础信息，避免不必要的麻烦。

1 692900 010001 9
ITF-14 条码

(01)16929000100019
UCC/EAN-128 条码

图9-4

② 货物数量。供应商在报价时需要知道选品员的采购数量，因为采购数量会影响货物的价格。如果选品员无法确定具体的采购数量，可以给供应商提供一个范围，并借此衡量供应商的货物数量是否满足自己的需求。

因此，选品员需要了解供应商的货物数量。如果供应商的货物很少，并且短时间也无法生产足够的货物，难以满足需求，选品员就可以终止谈判，因为再谈下去只会浪费双方的时间。

③ 说明书。说明书是供应商对货物进行描述的工具，包括样品、规格、色板、工程图纸等，如图9-5所示，这些都是选品员必须了解的内容。当然，选品员也可以依据这些内容与供应商进行询价。

④ 货物品质。选品员必须对货物品质有所了解，可以要求供应商按照需求提供货物品质的证明，包括品牌价值、性能测试结果、样品、操作说明书及行业达标证明等。如图9-6所示。选品员要关注货物品质，并鉴定证明材料的真实性。

项目九 商谈合作方式 127

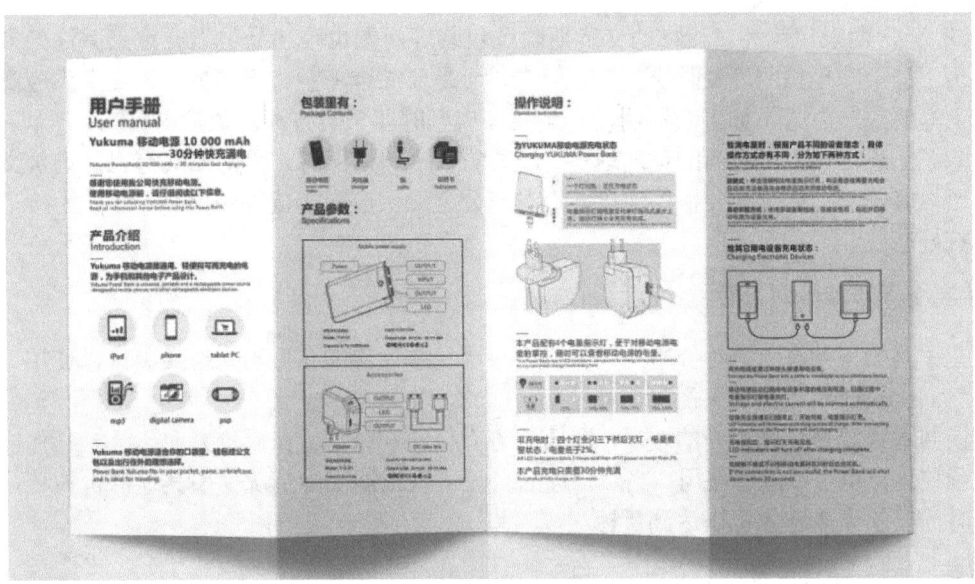

图 9-5

图 9-6

⑤ 交货期限和包装。货物的交货期限及包装等问题也是选品员需要重点关注的方面。选品员不能一味地按照"及时供货"定标准，而是要综合考量。选品员应该要求供应商在报价单上写明包装方式，如果未写明，一定要在谈判时要求对方添加该项内容。

除了上述内容，供应商的运送地点、交货方式、售后服务、报价期限等也是询价文件中的重要内容，选品员对此要格外注意。只有充分了解供应商及货物的信息，才能为接下来的谈判打好基础。

（二）逐步降低对方底线，砍价有方法

在采购的谈判桌上，对价格的谈判必不可少。从砍价的角度看，选品员可以使用"软磨硬泡""分析利弊""说别人便宜"等技巧。

谈判本身就是一场耐心的较量，需要双方有信心和诚意。在砍价方面，以上三种技巧可以单独使用，也可以综合使用。当然，选品员还可以根据实际情况使用其他砍价技巧，不过很多时候要软硬兼施才可以达到目标。

（三）时刻掌握主动权，让步有技巧

成功的谈判往往是双方让步的结果。一般来说，一方完全占尽优势的谈判很少见，只有相互让步才能达成一致。在谈判中，让步也有一定的技巧，既不是一味忍让，也不是固执守旧。精明的谈判高手都是在让步与前进中一点点实现自己的预设目标。比较理想的结果是自己让步后也让对方马上让步。

在谈判中，选品员可以采取以下让步技巧。如图9-7所示。

① 亮明让步的细节。选品员如果想通过先行让步引导供应商的跟随性让步，就要亮明让步的细节，包括让步的条件、对象、理由及具体标准等，从而避免因为让步导致出现新的问题和矛盾。如果想让供应商马上做出让步，选品员可以加入一些与供应商利益密切相关的细节。

② 让步与弥补。选品员如果做出了让步，就要尽可能在其他方面让供应商也做出加倍，至少是对等的让步。所以，让步与弥补往往是同时存在的，即在某个方面失去了，同时也要想办法在其他方面弥补回来，这样才不至于失去谈判的意义。当然，如果选品员在谈判中认为供应商的让步为自己带来了利益，那么也要适时收手，以保持全盘的优势。

图9-7

亮明让步的细节

让步与弥补

把握恰当的时机

坚持原则和底线

③ 把握恰当的时机。选品员要想通过让步使谈判取得进展，就必须在适当的时机提出条件，让供应商尽可能满足砍价的要求。至于选品员应该在何种时机提出条件，则需要以客观情况为准，而不能仅依赖一些主观因素。在遵循让步原则的前提下，选品员必须有选择性地向供应商提出让步的条件。

④ 坚持原则和底线。在谈判中，双方都有自己的原则和底线，也都不会轻易违反原则和超越底线。所以，选品员要坚守让步的限度和内容，应该知道哪些方面可以让步，哪些方面不可以让步。即使选品员在谈判中处于相对劣势的地位，也要争取得到预期的回报。

（四）协定议价，实现利益最大化

无论是在谈判桌上还是在日常生活中，议价的场景都很常见。之所以要议价，是因为双方对价格的意见不一致。大多数情况是买方认为价格高，而卖方认为低于之前的报价会使自

己亏损。如今,议价的方法非常多样,具体包括以下四种。

1. 直接按照原价议价

例如,供应商的某货物报价是 523 元/台,选品员直接要求减掉零头,变为 520 元/台。这种方法比较容易操作,对方也能够接受。

2. 分别议价

选品员可以对货物的付款方式、交货期、数量及运输等条件提出相应的要求。例如,按照采购数量越多、价格越低的惯例与供应商议价。

3. 总价议价

即按照最终的交易总额进行议价。例如,某货物的总额是 153 811 元,那么选品员就可以提出去掉零头,降为 153 800 元或 153 000 元。

4. 成本议价

选品员可以从货物的成本入手,加入利润因素,与供应商的报价进行对比,并以此为依据向供应商提出降价要求。

协定议价除了以上具体方法,还有如下技巧,如图 9-8 所示。

① 敲山震虎。在谈判中,选品员不妨以暗示的方式告诉供应商潜在的危机,借此迫使供应商降价。选品员需要提示供应商内部存在的不利因素,使其在价格问题上处于被动地位。此时,选品员再顺势提出自己的价格,迫使供应商答应。

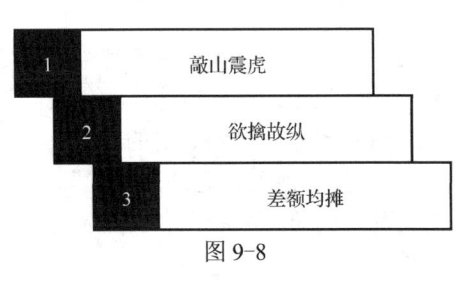

1	敲山震虎
2	欲擒故纵
3	差额均摊

图 9-8

② 欲擒故纵。欲擒故纵是指对待敌人要先故意放开他,使其放松戒备,充分暴露,然后一举拿下;用于价格谈判中则是从试探入手,根据供应商的反应,让供应商跟着自己的节奏走。

③ 差额均摊。在议价的过程中,最不理想的状态就是双方各不相让,即选品员不愿意加价,供应商不愿意降价。如果双方就此争执不下可能会使谈判破裂。所以,差额均摊也不失为一种折中的做法。将双方议价的差额作为成交价格可以平衡双方的利益,保证双方各取所需。

(五)间接议价,适当利用心理落差

因为供应商给出的报价,特别是第一次报价往往是投石问路,想看看对方对这个报价的满意程度。如果对方大吃一惊,就是在告诉自己对方无法接受这个报价。另外,当自己表现出大吃一惊的样子时,供应商也容易受到感染,接着会考虑自己的报价是不是太高了,要不要做一下让步。可见,间接议价是在不直接谈及价格的情况下的迂回前进,潜移默化地使供应商自动让步,从而将价格固定在预期范围内。

三、化解僵局:合理应对特殊情况

选品员要想在市场中获得优势地位,需要合理应对特殊情况,包括采购量少该如何谈判,如何"搞定"垄断型供应商,如何获得供应商的青睐。

(一)网店规模小,采购量少,该如何谈判

最合适的方法就是根据采购量寻找供应商。采购量少的网店如果和大型的供应商合作,肯定处于被动局面。因此，网店在考察供应商时，除了关注生产流程是否符合产品的要求，还要评估供应商的产能是否满足小批量采购的条件。

无论是从网店还是供应商的角度来说，小批量采购都确实对双方的关系提出了更高的要求。即使处于相对被动的地位，网店还是要正确面对供应商，可以做出适度让步，但合作仍要以公平为主，保证及时交货。对于可能出现的问题，双方要在谈判桌上提前说明，制订应急预警方案。

（二）选品员如何"搞定"垄断型供应商

在谈判时，遇到垄断型供应商应先对其进行全面分析。一般来说，垄断型供应商都是"龙头老大"，有些还是国际知名公司。即使没有这样的特殊地位，垄断型供应商至少也是当地的优势公司，是供应链中的关键环节。这类供应商在某方面有着其他供应商无法比拟的优势，这种优势使其在与选品员谈判时显示了自己的强大，而选品员又不得不与其合作。

（三）必要时给供应商送一些小礼品

在谈判中，给予供应商适当的馈赠，对增进友谊、加强情感沟通有一定的作用。赠送一些合适的礼品，为从外地来的供应商提供热情的接待，这些既体现了选品员的待客之道，也可以对谈判本身起到润滑的作用。

"千里送鹅毛，礼轻人意重"，在谈判的场合中适当赠送一些礼品是对供应商的重视。从商务礼仪的角度来看，给予供应商适当的馈赠，对于谈判业务以外的关系建立与维护都很有好处。

1. 了解供应商的信息，投其所好

在赠送礼品前，选品员要对供应商进行调查，投其所好。

2. 选择有良好寓意的礼品

礼品本身就有美好的寓意，选品员在挑选礼品时要注意礼品的内涵。若谈判陷入僵局，一个礼品也可能成为化解双方矛盾的关键。

3. 把握好送礼品的时间

在谈判刚开始时，很多内容不明确，可能不是送礼品的良好时机。当谈判取得阶段性进展或签订合同后，选品员可以适当送一些礼品作为庆贺。这样既不会显得过于突兀，也会让供应商轻松接受礼品。

此外，选品员作为赠送者应该事先了解对方的身份、爱好、生活习惯，也要了解对方的禁忌。

（五级）任务二 合作协议的主要内容和签订方法

对于选品员来说，签署合同的主要目的是防范采购风险，维护自身利益。为了避免在签署合同时掉入陷阱，选品员需要了解合同的常见类型及必备条款，还需要掌握判断合同的真实性和有效性的方法。选品员只有对合同及其可能出现的问题了如指掌，才可以让自己免受损失。

一、电商采购合同的常见类型

比较常见的采购合同有分期付款类合同、试用类合同、样品类合同。每一种合同的特点和优势是什么？有哪些值得注意的地方？在采购业务中如何运用？这些问题都是选品员需要认真思考并给出解决方案的。此举有利于增强选品员和供应商的规范意识，提升双方的业务能力。

（一）分期付款类合同

分期付款类合同的特点是选品员收到货物后分若干次付清货款，或选品员先分批支付一定的货款后，供应商再开始分批供货。一般来说，在选品员收到全部的货物后，货款至少应该分两次付清才可以称为分期付款。

分期付款类合同是一种特殊的合同，与其他合同的本质区别在于选品员不是一次性付清全部货款，而是按照约定期限分批支付货款。以约定采购事宜为主要目的，采取分期付款的方式是分期付款类合同的常见模式。

（二）试用类合同

试用类合同的特点是供应商将货物交给选品员试用，选品员先试用一段时间后决定购买并支付货款。实际上，试用类合同是在附带条件下签订的合同，需要选品员试用且决定购买并支付货款后才生效。

这类合同有些类似于营销策略中的免费试用。与普通合同相比，试用类合同的货物所有权转移比较特别。在签订试用类合同后，供应商会向选品员供货，选品员已经实际占有了货物。在选品员正式决定购买货物前，货物的所有权不会发生转移。签订试用类合同的注意事项如图9-9所示。

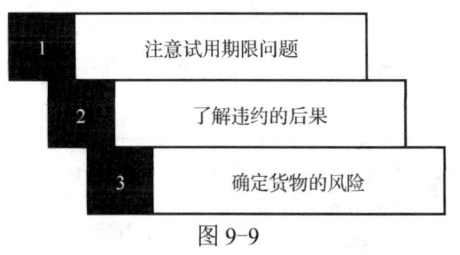

图9-9

1. 注意试用期限问题

① 双方根据自愿原则确定试用期限。试用期限是试用类合同中的重要内容，试用类合同本身要符合自愿原则。所以，双方要在签订试用类合同前要确定试用期限，这个试用期限必须经过双方的同意。

② 根据交易习惯确定试用期限。选品员和供应商也可以根据交易习惯确定试用期限。因为有些选品员与供应商不是第一次合作，彼此有一定的信任，所以如果没有提前确定试用期限，那就按照以往的惯例确定试用期限。这样的做法往往有一定的风险，最好还是在试用类合同中标明试用期限。

③ 由供应商确定试用期限。如果双方未确定试用期限或试用期限不明确，事后又不能达成补充协议，而且根据有关条款及交易习惯也无法确定试用期限的，则按照《中华人民共和国合同法》第一百七十条的规定，由出卖人（即供应商）确定试用期限。

2. 了解违约的后果

在试用期限内，如果选品员同意购买货物，即承认试用类合同的效力。当然，选品员也可以拒绝购买货物，而且不受其他条件或第三人的限制。不过，如果对供应商的货物不满意，选品员要及时作出反馈，否则就视为违约，并承担一定的后果。

3. 确定货物的风险

如果选品员不同意购买货物，则试用类合同没有效力。如果货物已经交付给选品员，货物风险的转移时间应该从选品员同意购买之日算起。

（三）样品类合同

样品类合同的特点是根据样品的质量决定是否进行交易。一般来说，选品员需要通过样品确定货物的质量，供应商必须交付与货物有同样质量的样品。例如，供应商为选品员提供了零部件的样品，双方应该作出约定：该样品与货物的质量相同。

在样品类合同中，约定的样品一旦确定，任何一方都不可以随意更改。样品与买卖的货物应该为同一种类。因此，此类合同通常适用于种类确定的货物交易。样品类合同与其他合同最大的区别在于，货物的质量与样品的质量必须相同。

二、电商采购合同条款类型

对于选品员来说，订立合同是非常关键的一步，特别是合同的内容必须一一落实，认真审查。选品员在订立合同时应该设置合同的各项条款，包括标的条款、质量条款、交付条款、付款条款及违约条款。从货物到供货再到违约责任认定，选品员要对各个方面进行仔细核对，以防范采购风险，维护自身利益。

（一）标的条款

标的条款必须清楚地写明标的的名称，以使标的条款具有特定化，从而界定双方的权利和义务。从分类来看，标的条款内容可以是实物、行为、智力成果，也可以是某种权利。所以，标的条款性质不同，可能会引发不同的情况，应该在合同中有所区别。那么，选品员在设置标的条款时要注意以下事项。如图 9-10 所示。

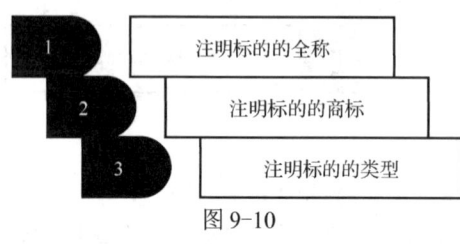

1. 注明标的的全称
2. 注明标的的商标
3. 注明标的的类型

图 9-10

1. 注明标的的全称

标的条款中必须有标的的正式名称，也就是标的的全称。此外，标的的名称还要尽可能与国际标准或行业习惯保持一致。另外，同物异名的情况现在也十分常见。例如，对于同一个标的，不同的地区有不同的称谓。

2. 注明标的的商标

商标是标的本身独有的标志，代表标的的专属信息。标的条款中一定要有标的的商标，选品员也必须对此进行认真识别。

3. 注明标的的类型

标的主要有四种类型，分别是有形财产、无形财产、劳务及工作成果。选品员要注意区分标的的类型和特征，以免对合同的履行造成影响。除了标的的类型，标的的型号、品种、等级等信息也要在合同中注明，而且要保证准确无误。

（二）质量条款

质量条款是合同的重要部分，选品员要认真核实。如果质量条款模糊不清，很容易导致选品员在履行合同时受到不必要的损失。此外,当质量条款出现问题时,也会给供应商创造设置陷阱的机会。

这样的后果是选品员既投入了财力和人力,也没能保证标的的质量,从而违背了签订合同的目的。因此,选品员在设置质量条款时应该注意以下事项。如图9-11所示。

图9-11
- 内容应该具体
- 明确技术标准
- 约定供应商对质量的负责期限

1. 内容应该具体

在规定标的的质量时,不要使用一些统称词,或模糊的字眼,如左右、大约、误差等。无论以何种方式对标的的质量进行规定,都要具体且明确,否则很可能在交付时产生纠纷。

2. 明确技术标准

质量条款中应该有标的适用的技术标准。当然,选品员和供应商还可以通过其他方式对质量进行描述与规定。例如,依靠文字、图片等方式说明标的的质量。

3. 约定供应商对质量的负责期限

选品员在签订合同时,要注意约定供应商对质量的负责期限。一般的质量负责期限有3个月、6个月。

(三)交付条款

交付条款是选品员与供应商对标的转移过程的约定,是合同中最重要的内容之一。因此,合同的交付条款中有如下核心要素。如图9-12所示。

图9-12
1. 交付时间
2. 交付地点
3. 交付方式

1. 交付时间

选品员可以在合同中明确规定供应商提供货物的时间。在交付条款中对交付时间有明确约定不仅能够保护选品员的利益,还可以防止供应商以各种理由逾期交付。

2. 交付地点

在履行合同时,将货物转移到交付地点的方式有三种:一是由供应商运送货物,交付地点为选品员所在地;二是供应商代办托运业务,交付地点为货物的发出地;三是选品员自提货物,交付地点就是货物的提取地。

3. 交付方式

交付方式是指以哪种方式完成货物的交付,一般可以分为三种:一是送货上门;二是选品员自提;三是代办托运,即委托第三方运输。其中,由供应商送货上门的风险最小,代办托运的风险最大。

(四)付款条款

选品员与供应商可以通过付款条款约定付款的金额、方式及时间等内容。按照合同的规定,支付货款是选品员需要对供应商承担的基本义务。因此,付款条款中有如下具体的内容。如图9-13所示。

图9-13
1. 合同价款
2. 付款方式
3. 付款金额

1. 合同价款

付款条款中必须有合同价款的内容,而且合同价款的大小写应该一致。如果货物是按照单价计算,则要明确标明货物的单价、总

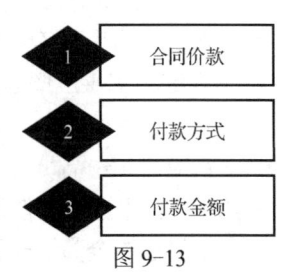

价及核算方式。如果合同中有涉及海外业务的内容,则需要明确约定用何种币种进行结算,以避免因为汇率变化而出现的币种升值或贬值的问题。

2. 付款方式

在付款条款中,双方应该约定明确的付款方式。付款作为选品员最主要的义务,涉及付款条件、付款方式、开具发票等具体事项。付款方式主要有两种,分别是现金交易和银行转账,前者的风险通常要更大一些。

3. 付款金额

付款金额通常是指合同规定的总额。但在履行合同的过程中,付款金额与合同规定的总额会有不一致的情况出现。例如,合同中约定分批交货、分批支付,在这种情况下,每批支付的金额只是总额的一部分。还有在履行合同期间,选品员由于实际需要可能会增加或减少货物的购买量,此时付款金额就应该按照实际的购买量计算。

(五)违约条款

违约条款是合同的重要条款之一,是确保合同顺利履行、补偿守约方损失、惩罚违约方违约行为的重要措施。选品员和供应商可以在签订合同前对违约条款的具体内容进行协商,并在协商一致后将其写入正式的合同。

如果一方违约,那么另一方可以根据合同的约定要求赔偿。如果一方严重违约,给另一方造成极大的损失,那么违约方很可能还需要承担民事责任。一般来说,违约行为可以分为三种:一是不履行或不完全履行合同的行为;二是给对方造成了损害事实的行为;三是和损害结果之间存在因果关系的行为。

在设置违约条款时,违约责任是比较重要的一项内容。当然,在违约条款中还有一些内容也不可忽视,如图9-14所示。

1	违约责任承担方式
2	违约责任约定
3	损害赔偿的范围
4	违约金

图 9-14

1. 违约责任承担方式

如果一方不履行合同或履行合同不符合约定,则应该承担继续履行、采取补救措施、赔偿损失等违约责任。

2. 违约责任约定

违约责任可以在双方协商一致后写入合同,并作出约定。例如"任何一方违反本合同,导致本合同无法继续履行的,则需要赔偿守约方违约金人民币×××万元。该违约金不足以弥补守约方实际损失的,违约方应该赔偿守约方所有的实际损失。"

3. 损害赔偿的范围

如果一方不履行合同或履行合同不符合约定,给对方造成损失,那么赔偿金额应该相当于违约造成的损失,包括合同履行后可以获得的利益。此外,如果供应商在对选品员提供货物或服务的过程中存在欺诈行为,选品员可以根据《中华人民共和国消费者权益保护法》的相关规定要求供应商承担赔偿责任。

4. 违约金

供应商和选品员可以约定如果一方违约,那么就需要根据违约情况向对方支付一定数额的违约金。如果违约金低于守约方遭受的损失,那么守约方可以请求人民法院或仲裁机构予以增加;如果违约金高于守约方遭受的损失,那么违约方可以请求人民法院或仲裁机构予以减少。

三、电商采购合同真实有效的签订方法

在合同的真实性和有效性方面，选品员很容易陷入一些误区。例如，签字、盖章与合同是否具备法律效力有没有直接关系，和离职人员签订的合同是否有效，没有签字权的人的签字是否有效。对于选品员来说，签字、盖章属于合同的一部分，必须引起足够的重视。与此同时，选品员也应该关注与合同的法律效力相关的问题。

（一）签字后，电商采购合同如何生效

在合同上签字是供应商和选品员对合同无异议的表达方式，也是合同产生效力的实质性标准。这也就意味着如果不考虑其他情况，双方在协商一致的合同上签字后，该合同即对双方产生了法律约束力。那么，只要双方签了字，合同就会生效吗？答案是不一定。例如，如果合同中存在明显的欺诈行为，而选品员在不知情的情况下签了字，那么该合同的法律效力就值得商榷。还有一些合同必须由双方按手印后才生效。对于这些合同，如果只有签字，但没有手印，那么也不具备法律效力。

以上只是为大家简单介绍签字与合同的法律效力之间的关系。那么，为了让合同生效，我们在签字方面还需要注意以下细节性问题。如图9-15所示。

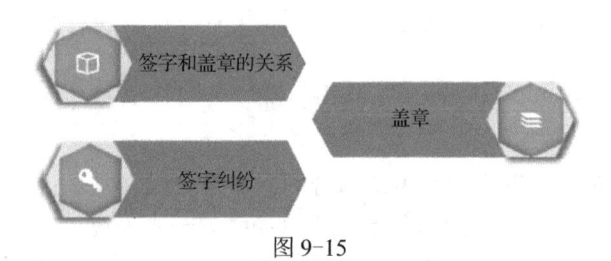

图9-15

1. 签字和盖章的关系

一般来说，只要有签字和盖章中的一个，合同就具备法律效力。但有时为了保护自身利益，选品员也可以要求供应商必须同时签字和盖章，合同才可以生效。另外，当事人也要同时是签字和盖章的主体，否则很可能会影响合同的履行。

2. 盖章

正规的供应商通常会有这六种章：行政章、财务章、合同专用章、业务专用章、部门专用章等。不同的章有不同的作用，签订合同只能使用公章或合同专用章。在签订合同时，双方通常会在合同的落款处盖章，有时还会加盖骑缝章或在骑缝处签名。另外，为了谨慎起见，双方也可以在合同的每一页上都签字和盖章。

3. 签字纠纷

由签字引发的纠纷其实比较常见。例如，选品员认为自己没有签字，而供应商持有的合同显示有选品员代表人员的签字，这时就需要对签字进行鉴定。虽然签字可以被模仿，但在大部分情况下可以由专业的鉴定机构判断其真实性和有效性。

在合同上签字最好使用蓝色或黑色的墨水，这样更容易分辨合同是否为原件。如果使用碳素墨水签字，会导致原件与复印件难以分辨，进而带来一系列麻烦。

（二）没有签字，电商采购合同是否无效

一般来说，如果合同上没有签字和盖章，那么该合同就不具备法律效力。不过，《中华人民共和国合同法》第三十七条也规定了例外情形："采用合同书形式订立合同，在签字或者盖章之前，当事人一方已经履行主要义务，对方接受的，该合同成立。"该规定在很大程度上避免了因为形式要件的欠缺而影响合同的法律效力，可以维护双方的利益。

这里需要注意的是，判断没有签字或者盖章的合同是否有效，应该具体问题具体分析。笔者从以下6种情况进行说明。

① 当只有一方在合同上签字或者盖章时，如果一方（不论是否是签字或者盖章的一方）履行了合同的主要义务并且被对方接受，则该合同成立。

② 当只有一方在合同上签字或者盖章时，如果一方（不论是否是签字或者盖章的一方）履行了合同的主要义务，但不被对方接受，则该合同不成立。

③ 当只有一方在合同上签字或者盖章时，如果双方均未履行合同的主要义务，则该合同不成立。

④ 当双方均未在合同上签字或者盖章时，如果一方已经履行了主要义务，但不被对方接受，则该合同不成立。

⑤ 当双方均未在合同上签字或者盖章时，如果双方均未履行合同的主要义务，则该合同不成立。

⑥ 当双方均未在合同上签字或者盖章时，如果双方均未履行合同的主要义务，则该合同不成立。

从以上情况看，是否有签字或者盖章与合同本身是否成立及是否具备法律效力存在一定的关系。签字、盖章对于合同及双方的意义不言而喻。一般来说，如果没有双方的签字或者盖章，那么自然无法确认他们已经对合同的内容协商一致，也就不能证明合同具备法律效力。

选品员需要在签字或者盖章前仔细查看合同上的各项条款，确定信息的真实性、有效性和可执行性。如果供应商以未签字或者盖章为由拒绝履行合同，那么选品员就可以按照"未签字或者盖章的但具有效力的合同"向其提出相关要求。

（三）离职人员签订的电商采购合同是否有效

与供应商已签订合同，但负责人在签订合同后离职，该合同是否有效。一般来说，如果负责人是代表供应商签字或盖章，那么即使他（她）已经离职，签订好的合同仍然有效，双方还是要继续履行。当然，如果合同中有"离职失效"等内容，则要另外看待。

如果签订合同的代理人提供了合同及公章，那么选品员完全有理由相信他（她）有代理权，这是典型的表见代理。而且，即使代理人离职了，之前由他（她）签订的合同依然有效，但前提是合同上要有签字或盖章。

（四）没有签字权的人的签字是否有效

没有签字权的人的签字是否有效。要回答这个问题，应该先对签字权进行确认。那么，什么样的人有签字权，可以在合同上签字，主要是以下两类人。

1. 法人或得到授权的人

这里需要注意的是，得到授权的人必须持有已经盖章的授权委托书原件，授权委托书上的授权要明确且具体，包括授权的时间、对象等。未经授权的人签订的合同不具备法律效力，无法对双方产生约束力。

2. 自然人，包括本人或代理人

其中，代理人需要持有经本人亲笔签名的授权委托书原件，授权委托书上的授权应该明确且具体。无论签字者是法人、被授权人还是自然人，都必须具有一定的能力。

（四级）任务三　合作建议的主要内容

一、合作建议内容要点

合作建议是指在商业或合作关系中，一方向另一方提出的合作或合作改进的建议和意见。合作建议的主要内容应包括以下要点。

（一）合作目标和目的

阐明合作的具体目标和目的，明确双方希望达成的共同利益和合作成果。

（二）合作范围和内容

确定合作的具体范围和内容，包括合作项目、合作任务、合作产品或服务等。

（三）双方责任和义务

明确双方在合作中的责任和义务，以及各自的角色和职责分工。

（四）资源投入和分享

提出双方需要投入的资源，如资金、人力、技术等，并协商资源共享方式和比例。

（五）时间计划

制订合作的时间计划，包括合作开始时间、阶段性目标和完成时间等，以确保合作按计划推进。

（六）风险评估和应对

识别合作过程中可能存在的风险和挑战，并提出相应的风险应对措施。

（七）利益分配和合作方式

就双方合作所获得的利益进行协商和分配，确定合作的具体方式，如联合开发、资源共享、业务互助等。

（八）合作协议和法律事项

如果需要，明确合作的法律事项与合作协议的签署。

（九）合作推进和沟通机制

确定合作的推进方式和沟通机制，以便及时解决问题和交流进展情况。

（十）合作效果评估

提出合作效果的评估标准和方法，以便在合作结束后对合作成果进行评估和总结。

合作建议的主要内容应该简明扼要，具有可操作性和可实施性，双方在协商过程中应进行充分的沟通和讨论，以达成共识并确保合作的顺利进行。

二、合作建议书的特征

（一）意向性与一致性

合作意向书的内容是各方原则性的意向，并非具体的目标和实施方法。这与协议和合同是有很大区别的。协议与合同的内容要求必须是非常具体的且有实施的操作性。它的具体内容应是经过协商双方一致同意的，能表达双方的共同意愿。

（二）协商性与临时性

合作意向书是共同协商的产物，也是今后协商的基础。在双方签署之后，仍然允许协商修改。商务合作意向书只是表达谈判的初步成果，为今后谈判作铺垫；一旦谈判深入，最终确定了合作双方的权利和义务，其使命即告结束。

（三）信誉性而非法律性

商务合作意向书是建立在商业信誉之上的，虽然对各方有一定的约束力，但并不具有法律效力。这与协议和合同的执行具有法律强制性是不同的。

三、商务合作建议书结构写法

建议书是个人、单位和有关方面为了开展工作、完成任务、进行某项活动而提出意见时使用的一种文体，有的也叫意见书。写建议书时要认真负责、严肃对待，内容要具体，语言要精练。写法如下。

① 在第一行正中间写"建议书"三个字。
② 写接受建议对方的名称。
③ 正文。建议的原因或出发点，便于对方考虑。建议的具体事项。
④ 表达建议者的愿望。
⑤ 结尾写表示敬意的话，如"此致敬礼"等语言。
⑥ 写上建议者的名称和写建议书的日期。

（四级）任务四　结算方案的设计方法

结算方案的设计是为了在商业交易或合作关系中明确双方的支付和收款方式，确保交易过程的透明和公平。以下是结算方案的设计方法。

（一）确定结算周期

首先，确定结算的时间周期，如月结、季度结算或年度结算等。再根据合作关系的特点和交易频率，选择适合的结算周期。

（二）明确支付方式

确定支付的具体方式，例如银行转账、支付宝、信用卡等。双方应协商并确定最便捷和可靠的支付方式。

（三）确定货币种类

如果涉及跨国交易，需要确定结算所使用的货币种类，避免汇率风险和误解。

（四）规定价格与费用

明确产品或服务的价格和费用，以及支付的具体金额。确保双方对价格和费用有一致的认知。

（五）考虑优惠和返点

如果有优惠折扣或返点政策，需要在结算方案中明确规定，包括优惠的条件和计算方式。

（六）规定违约条款

在结算方案中规定违约的相关条款，如逾期付款的罚金或违约金，以激励双方按时履约。

（七）确定结算单据

明确需要提供的结算单据，如发票、收据、结算报表等，以确保结算的准确性和可追溯性。

（八）确保数据保密

在结算方案中约定对交易数据和账务信息进行保密，要确保商业机密和客户隐私的保护。

（九）预留变更条款

在合作关系可能变动的情况下，考虑预留合理的变更条款，确保结算方案的灵活性和适应性。

（十）确认双方责任

明确双方在结算过程中的责任，包括提供准确信息、及时结算等。

（十一）评估合作风险

在设计结算方案时，对合作过程中可能存在的风险进行评估，制订相应的风险应对策略。

（十二）编写合同或协议

最后，将结算方案写入合同或协议中，并确保双方对结算方案的理解和认可。

综合考虑以上因素，设计合理的结算方案能够有效地促进商业交易的顺利进行，维护双方的合法权益，降低合作风险，并增强双方的合作信任度。

（三级）任务五　营销方案的编写方法

商业上经常会用到营销方案，在每一次的产品销售过程中，在客户公关方面，或在其他重要的事情宣布时，方案总是起到很关键的作用。而写营销方案也是需要技巧和方法的，下面分享一下具体该怎样写。基本上会包含以下内容。

一、营销目标

营销目标是在目的任务基础上公司所要实现的具体目标，即营销策划方案执行期间，经济效益目标要达到：总销售量为×××万件，预计毛利×××万元，市场占有率实现××。

二、营销战略

电商企业的网络营销战略是为了提高品牌知名度、吸引目标客户、增加销售额和提升客户满意度而制订的计划和策略。以下是一些常见的电商企业网络营销战略。

（一）目标客户分析

确定目标客户群体，了解他们的需求和偏好，以便针对性地开展网络营销活动。

（二）优化网站和移动端体验

确保电商网站和移动端的界面设计简洁、易用，提高页面加载速度和响应性能，优化用户体验。

（三）搜索引擎优化（SEO）

通过优化网站内容、关键词和链接结构，提高在搜索引擎中的排名，增加有机流量。

（四）搜索引擎营销（SEM）

使用付费广告在搜索引擎中展示广告，提高品牌曝光和单击率。

（五）社交媒体营销

利用社交媒体平台，与目标客户进行互动，发布有趣、有价值的内容，提高品牌关注度。

（六）内容营销

提供高质量的内容，如博客文章、视频、图文等，吸引目标客户，并提供有关产品和行业的知识。

（七）电子邮件营销

通过电子邮件与潜在客户和现有客户保持联系，发送促销信息和个性化推荐。

（八）影响者合作

与行业内的影响者合作，通过他们的渠道推广产品，增加品牌影响力。

（九）用户评论和评价

鼓励用户撰写产品评价和评论，增加产品信誉和购买决策的可信度。

（十）促销和优惠

提供特别的促销和优惠活动，吸引客户购买。

（十一）跨境电商

扩大海外市场，开展跨境电商业务，吸引国际客户。

（十二）数据分析和优化

不断分析网络营销数据，优化营销策略和活动效果，提高 ROI（投资回报率）。

（十三）移动营销

针对移动用户的特点，开展移动营销活动，如 App 推广、移动广告等。

（十四）虚拟现实和增强现实

利用虚拟现实和增强现实技术提供更丰富的购物体验。

（十五）客户服务

提供优质的客户服务，回应客户疑问和问题，建立良好的客户关系。

综合运用以上网络营销战略，电商企业可以在竞争激烈的市场中取得优势，提高品牌竞争力和市场份额。但要注意，网络营销战略需要根据企业的特定情况和目标客户进行调整和优化，持续改进和创新是成功的关键。

三、策划方案各项费用预算

策划方案各项费用预算是整个营销方案推进过程中的费用投入，包括营销过程中的总费用、阶段费用、项目费用等，其原则是以较少投入获得最优效果。费用预算方法在此不再详谈，企业可凭借经验，具体分析制订。

（三级）任务六　风险预判方法

风险的识别与量化，风险对策研究和实施控制需依赖整个项目管理体系。风险是项目实施考虑的因素，但不是关键因素，因为风险是随时间变化的，我们只能积极防范而不能控制。有的意外风险是随着项目进程而产生的，所以成功的项目管理不必过多的强调风险，而应该把精力放在其他领域管理中，其风险的控制就自然就把握了。

虽然不用过多强调风险，但是学会风险识别，做好一些应对措施还是需要的。那么，如何减少和规避风险？有以下具体内容。

① 多学习类似项目的经验。
② 在项目研究中充分考虑风险。
③ 由项目经验丰富的管理者编制项目实施策略，并严格执行。
④ 建立有效的风险应对机制（组织机构、程序）。

（风险）事故发生后，可通过以下方式来降低风险破坏程度。

① 做好分析、改善，并做好改善措施的监督执行。
② 做好分析报告，为项目后续工作及公司其他项目提供经验。
③ 做好相关记录，为合同变更提供支持。

项目管理好，风险出现的概率就会下降。在项目管理中要做到精准风险预判是不可能的，但是做好风险知识准备，学会一些风险应急预判是有必要的。同时也要做好项目管理的其他方面，规避风险，就是做好风险预判手段。

只要做到细致、沟通、跟进（运筹帷幄）这三点，做好项目管理并不难。而在项目管理中，最大的风险就是"人"，能规避风险的也是人。项目管理是阶段性的，所以是没有一个常规的手法。

习题

一、选择题

1．（多选）对于选品员来说，价格谈判的关键就是掌握主动权。那么，选品员应该如何掌握主动权呢？（　　　）

A．摸清对方的底牌，设立明确的目标　　B．进退有度，逐步增加供应商的压力
C．分析全局，分清主次　　D．选择合适的时机，当断则断，不犹豫

2．（多选）询价是影响整个谈判的关键环节，很多时候，询价不一定只是询问价格，还要对供应商的货物有全面把握。那么，选品员在谈判前需要了解供应商的哪些方面呢？（　　　）

A．基础信息　　　B．货物数量　　　C．说明书　　　D．货物品质
E．交货期限和包装

3．（单选）选品员可以从货物的成本入手，加入利润因素，与供应商的报价进行对比，并以此为依据向供应商提出降价要求，协定议价的技巧不包括（　　）。
A．敲山震虎　　　B．欲擒故纵　　　C．差额均摊　　　D．先抑后扬

4．（多选）比较常见的采购合同有什么（　　）。
A．分期付款类合同　　B．试用类合同　　C．样品类合同　　D．商品类合同

5．（单选）对于选品员来说，订立合同是非常关键的一步，特别是合同的内容必须一一落实，认真审查。选品员在订立合同时应该设置合同的各项条款，其中包括（　　）。
A．标的条款　　　B．质量条款　　　C．交付条款　　　D．付款条款
E．违约条款

二、简答题

1．比较常见的采购合同有分期付款类合同、试用类合同、样品类合同。每一种合同的特点和优势是什么？有哪些值得注意的地方？

2．质量条款是合同的重要部分，选品员要认真核实。如果质量条款模糊不清，很容易导致选品员在履行合同时受到不必要的损失。此外，当质量条款出现问题时，也会给供应商创造设置陷阱的机会。那么，选品员在设置质量条款时应该注意哪些事项呢？

3．风险是项目实施考虑的因素，但不是关键因素，因为风险是随时间变化的，我们只能积极防范而不能控制，有的意外风险是随着项目进程而产生的，所以成功的项目管理不必过多的强调风险，而应该把精力放在其他领域管理中，学会风险识别，做好一些应对措施还是需要的，请问你学习完本项目有什么好的建议和补充？

| 项目十 |

产品分析

【项目导读】

产品分析的最终目的就是提升商品销量，因此要了解用户的需求，知道用户要什么，哪些产品受欢迎，进而根据这些数据指导产品优化和活动推广。这也是为什么要做产品分析的原因。通过产品分析，可以更深层次地了解用户喜好、用户的购买力、产品受关注度等信息。由于不同的指标反映不同的情况，因此透过指标数据的变化可以发现商品中存在的问题。比如浏览量、用户数反映出商品的受关注度的高低；入篮量、入篮率、入篮UV（UV比率）反映出用户实际购买情况；收藏量反映出用户的喜好程度，用户的收藏行为暴露了用户的喜好。以上这些数据直观展现了每一件商品的实际情况，透过这些数据去发现问题，比如哪些商品卖得多，哪些商品看得多卖得少，哪些商品经常被收藏但转化率不高，等等。通过结果去分析原因，做好产品分析让用户的购物体验更便捷、更高效，既增强了用户的黏性，又提升了商品销量。

本项目将从如何进行产品分析入手，介绍参照产品标准组织产品检验方法，讲解产品发展趋势跟踪方法及产品转化率的变化因素，了解预判热销产品的方法，介绍根据复购率预判产品销量，进而学习产品信息数据库的建立方法。

【项目目标】

1. 能参照产品标准组织产品检验
2. 能跟踪产品发展趋势
3. 能分析产品转化率的变化因素
4. 能预判热销产品
5. 能根据复购率预判产品销量
6. 能建立产品信息数据库

（二级）任务一　产品检验流程知识

一、产品检验流程图及描述

（一）产品检验流程图，如图 10-1 所示

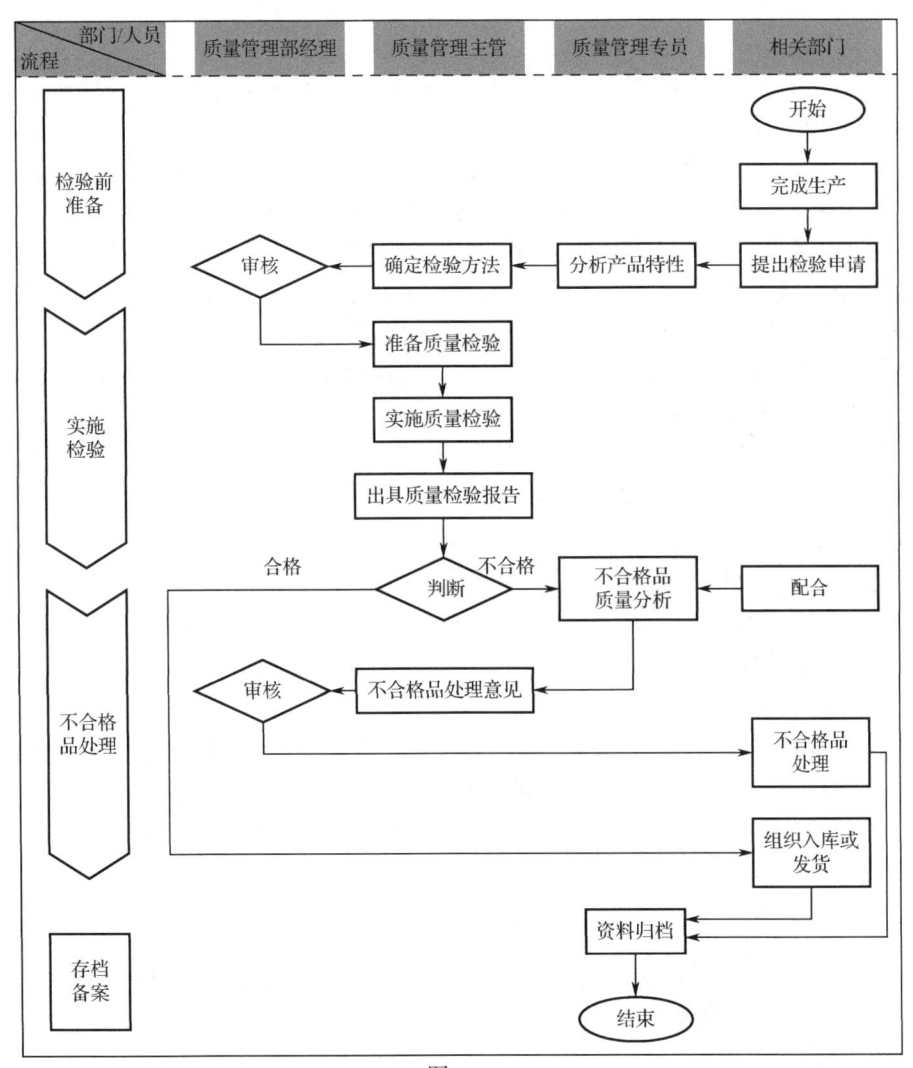

图 10-1

（二）产品检验流程图描述

1. 流程规范事项
① 流程规范的业务：产品检验全过程。

② 本流程由完成生产事件触发，输入信息为成品检验申请报告；本流程结束状态为合格品入库，输出信息为入库登记单。

2. 管理职责

① 质量管理经理，负责产品质量检验方法及不合格品处理意见的审批工作。

② 质量管理主管，根据产品特点制订合理的检验方法，做好检验准备，实施质量检验，并及时出具质量检验报告；根据不合格品分析结果给出具体的处理意见。

③ 质量管理专员，负责分析产品特征，做好不合格品的质量分析工作。

④ 生产部，负责按企业规定对不合格品进行处理；仓储部，负责组织对质检合格的产品实施入库或发货等工作。

3. 流程节点说明

① 提出检验申请，生产部在完成生产后，应向质量管理部提出产品检验申请，以确定产品质量，方便产品的储存及销售。

② 确定检验方法，检验方法应包括该批次产品的名称、型号、数量、结构、外型、尺寸检验（安装尺寸、连接尺寸）及产品性能测试的各项参数等。

③ 实施质量检验，质量管理部主管根据产品特性对产品进行检验，并根据实际情况编制"终检质量报告"。若检验合格，则及时为产品办理入库手续并由仓储部门组织入库或直接进行发货处理；若检验不合格，则分析原因，及时处理。

④ 产品报告应包括检验批次、检验人员、采用标准、采用方法、使用工具、检验数据、检验过程中发现的各类问题及问题处理办法等。

⑤ 组织入库或发货，产品经检验合格后，方可办理入库手续或组织进行发货，所有未经检验的产品不得入成品库或进行销售。

4. 流程文件

① 成品检验申请书。

② 质量检验报告。

③ 不合格品处理意见书。

5. 流程优化思路

① 优化时间：质量管理人员应根据企业经营环境、组织、政策等相应的变化，在合适的时机进行流程优化工作，以使优化后的流程可以大力提升企业运营效率。

② 补充：对于不合格品处理环节点要补充对不合格品处理意见的审批环节，加强管理内审和内控。

（二级）任务二　产品跟踪方法

质量跟踪又称产品跟踪，是国内外广泛采用的一种质量管理方法。它在市场调查、售后服务、质量改进、新产品研制开发及产品寿命周期质量监控等方面发挥着重要作用。质量跟踪方法是随着工业生产的发展及质量管理的不断提高而逐渐形成和发展起来的。企业从产品交付使用开始，就面向用户和市场全面、系统地收集和整理产品质量的信息，分析、评价产品质量水平和存在问题，并及时向有关单位反馈，不断采取改进措施，努力提高产品质量。

一、产品跟踪的分类

在电商领域,产品跟踪是指对在线销售产品从发布到交付和售后全过程进行监控和记录,以确保产品质量、物流和客户满意度。以下是一些常用的产品跟踪方法。

(一)产品信息管理

在电商平台上准确记录产品信息,包括产品名称、描述、规格、价格等,以便追踪和管理不同产品的销售情况。

(二)库存管理

实时跟踪产品库存情况,及时更新库存数量,避免因库存不足或过多导致的问题。

(三)订单跟踪

在订单生成后,通过物流和订单管理系统追踪订单的处理状态,包括付款、发货、运输和交付等环节。

(四)物流追踪

与物流公司合作,提供物流跟踪服务,让客户随时了解订单的物流状态和预计送达时间。

(五)客户服务与售后跟踪

建立客户服务和售后处理机制,及时解决客户的问题和投诉,确保客户满意度。

(六)用户评价分析

关注用户对产品的评价和反馈,从中了解产品的优势和不足,并及时改进产品质量和服务。

(七)市场竞争监测

监测竞争对手的产品和价格,及时调整自己的产品策略,保持竞争优势。

(八)销售数据分析

分析产品的销售数据,包括销售量、销售额、销售渠道等,从中发现销售趋势和机会。

(九)支付安全跟踪

确保支付系统的安全性,防范支付风险和诈骗。

(十)促销和营销活动跟踪

监测促销和营销活动的效果,评估活动的成本和效益。

(十一)数据安全和隐私保护

确保用户的个人信息和支付信息安全,避免数据泄露和滥用。

通过以上电商产品跟踪方法，电商企业可以更好地管理产品销售和客户服务，提高用户体验和忠诚度，增强企业竞争力。同时，及时发现问题和机会，做出相应的调整，提高产品质量和运营效率。

二、质量跟踪的方法

（一）邮寄质量跟踪卡

实施单位首先设计出合适的质量跟踪卡，再将跟踪卡邮寄给用户，请用户按要求填写后寄回。这种方式的优点是范围广、费用低、容易实施；缺点是质量跟踪卡回收率很难保证，由于用户的素质参差不齐，跟踪项目填写的准确性也很难保证。采用这种方式时，要注意考虑到用户的心理和接受能力，跟踪卡内容要通俗易懂、填写简便；其次为了提高返卡率，可采用发纪念品、报纸通知、电台催促、发函提醒、邮资总付等办法，还应与社会各方加强合作。

（二）现场发放质量跟踪卡

实施单位在用户选购商品的同时，向用户发放质量跟踪卡，请用户填写后当场收回。这种方式的优点是实施周期短、费用低；缺点是只适合容易直观评价的简单产品或项目。采用这种方式时，应加强现场宣传工作及采取向用户发纪念品等办法进行鼓励，以争取用户的大力配合。

（三）电话跟踪

实施单位通过电话直接向用户了解产品质量。其优点是省时、省力、费用低、速度快；缺点是容易受通信条件限制、跟踪的系统性差。采用这种方式时，应事先做好跟踪调查准备，做好跟踪记录。

（四）市场营销业务人员进行及时信息反馈

通过市场营销业务人员进行及时的信息反馈。这种方式的优点是反应迅速可以及时掌握产品质量的第一动态，缺点是反馈出的信息的真实性和准确性较差。

（五）向外场派常驻人员

企业向外场派出常驻技术人员，随时随地跟踪产品质量，同时进行外场技术服务。这种方式的优点是技术服务和质量跟踪两不误，可了解真实、准确的情况；缺点是费时、费力、费用较高。采用这种方式时，要选派有经验的人员参加，同时注意保持跟踪内容的连续性和完整性。

（六）上门走访

实施单位定期或不定期地上门走访用户，了解用户使用产品情况，同时为用户进行维修服务和技术指导，这是用户比较欢迎的一种方式。其优点是可了解真实、准确的情况，易发现问题，利于质量改进；缺点是费时、费力，不可能经常进行。采用这种方式时，应事先通知用户，双方都做好相应的技术准备，同时实施单位一定要派技术水平高、比较熟悉情况的人员参加走访。

（七）集中征求用户意见

实施单位通过召开用户座谈会、用户年会等形式，集中了解产品使用信息。这种方式的优点是用户意见比较集中，了解的情况比较准确；缺点是人力、物力、财力消耗较大，有一定局限性。采用这种方式时，实施单位应尽量邀请比较典型的用户代表参加，也可与其他大型活动（如订购会、展销会等）结合起来进行。

（八）利用网点跟踪

实施单位利用已有的产品维修网点进行质量跟踪。这种方式的优点是维修服务和质量跟踪一并进行，节省人力，容易找出常见问题；缺点是网点分散，不易管理。采用这种方式时，要注意对网点人员进行培训和管理。

（九）用户评议与专家评审相结合

实施单位将用户评议与技术部门检测、专家评审结合起来进行产品质量跟踪评议。这种方式的优点是科学、准确、有权威性；缺点是费用高、程序复杂。采用这种方式时，要加强统筹规划和组织领导。

质量跟踪方式并不是一成不变的，可根据实际需要随时变换跟踪方式。

（二级）任务三　产品转化率分析方法

转化率是完成转化目标用户占总体用户的比例，注册、下单、登录、复购，都可以用转化率来进行量化，转化率是互联网平台增长的基石。高增长的平台基本也是高转化率的平台，而增长水平影响了企业的市场占有率和价值，如图 10-2 所示，对于在企业中工作的从业人员来说，高增长的企业也会更快促进个人的成长，获得更丰厚的回报。

图 10-2

一、基础分析方法

（一）细分分析

细分分析是一切分析方法的本源，因为单一维度下的指标数据的信息价值很低，细分几乎可以帮助我们解决所有问题，如图 10-3 所示。比如转化漏斗，实际上就是把转化过程按照步骤进行细分。细分分析分为下钻和上卷，所谓下钻，就是在分析指标的变化时，按一定的维度不断地分解。比如，按地区维度，则是从大区到省份、从省份到城市、从省市到区。所谓上卷就是顺序反过来。随着维度的下钻和上卷，数据会不断细分和汇总，在这个过程中，我们往往能找到问题的根源。

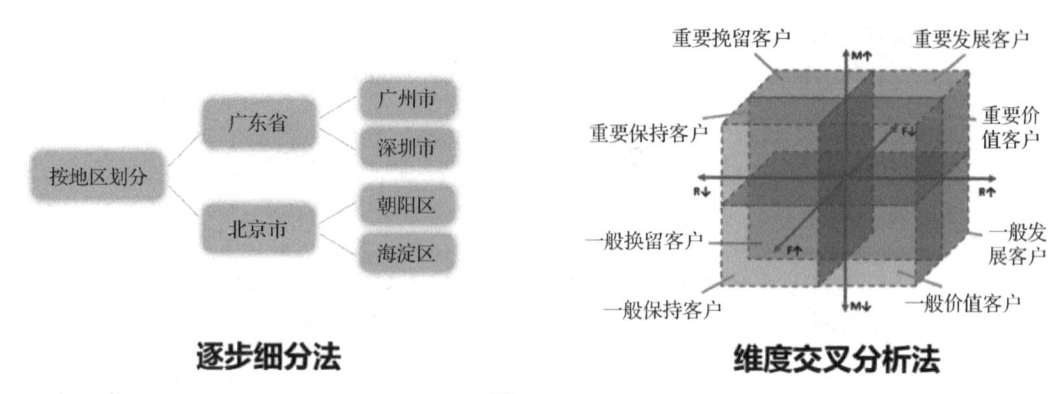

图 10-3

流量渠道的分析和评估也需要大量用到维度交叉细分的方法，比如我们对渠道的数量和质量进行交叉分析，就能找出优质渠道。如图 10-4 所示，第一象限代表渠道质量又高且流量又大，应该继续保持渠道的投放策略和投放力度；第二象限代表渠道的质量比较高但流量比较小，应该加大渠道的投放，并持续关注渠道质量变化；第三象限代表这个象限里渠道质量又差且带来的流量又小，应该谨慎调整逐步优化掉这个渠道；第四象限代表渠道质量比较差但流量较大，应该对分析渠道数据做更精准的投放，提高渠道质量。

（二）对比分析法

对比分析法，是对两个相互联系的指标数据进行比较，从数量上展示和说明研究对象的规模大小、水平高低、速度快慢等相对数值，通过相同维度下的指标对比，发现和找出业务在不同阶段的问题。

1. 对比分析的方法

① 对比类型包括绝对数对比与相对数对比，两种数据需要结合起来进行对比。

图 10-4

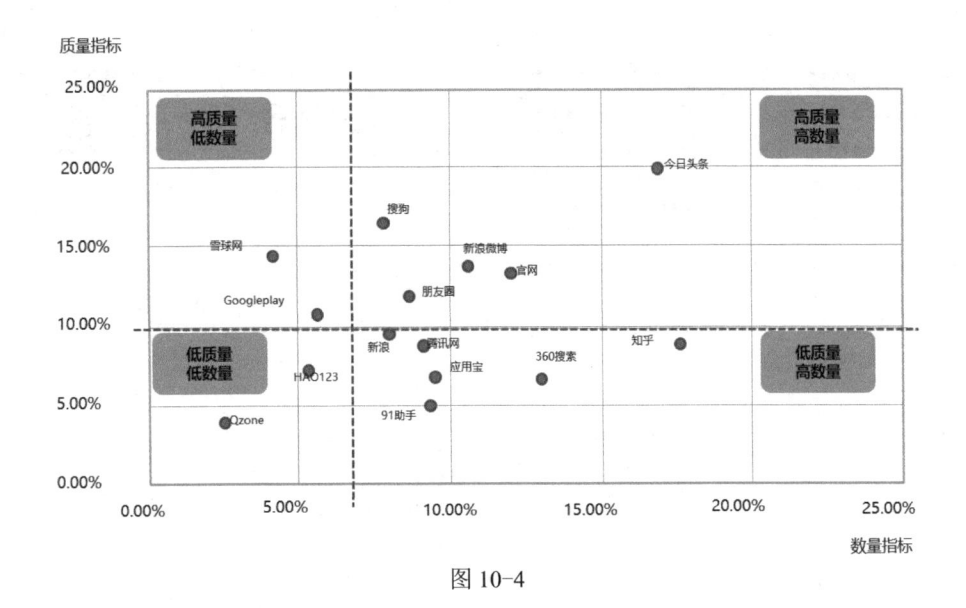

② 对比标准分为四种。时间标准：同比、环比、定基比，通过这三种方式，可以分析业务增长水平、速度等信息；空间标准：与相似空间比较、与领先空间比较、与扩大空间比较；经验或理论标准：如恩格尔系数、活跃度；计划完成标准：如 KPI。

2. 对比分析原则
① 指标的内涵和外延对比。
② 指标的时间范围对比。
③ 指标的计算方法对比。
④ 总体性质对比。

（三）聚类分析

聚类分析就是根据事物彼此不同的属性进行辨认，将具有相似属性的事物聚为一类，使得同一类的事物具有高度的相似性。聚类分析具有简单、直观的特征。聚类分析在网站分析中的应用有：用户分群、用户标签法；来源聚类主要包括渠道、关键词等；页面聚类包括相似/相关页面分组法，例如：在页面分析中，经常存在带"？"参数的页面，（资讯详情页面、商品页面、店铺页面等），都是属于同一类页面。

二、漏斗分析法

转化分析常用的工具是转化漏斗，简称漏斗。新用户在注册流程中不断流失，最终形成一个类似漏斗的形状。在用户行为数据分析的过程中，我们不仅看最终的转化率，也要关心转化的每一步的转化率。

（一）如何科学地构建漏斗

以往我们会通过产品和运营的经验去构建漏斗，但这个漏斗是否具有代表性，优化这个漏斗对于整体转化率的提升有多大作用，这时通过用户流向分析可以了解用户的主流路径。如图 10-5 所示。

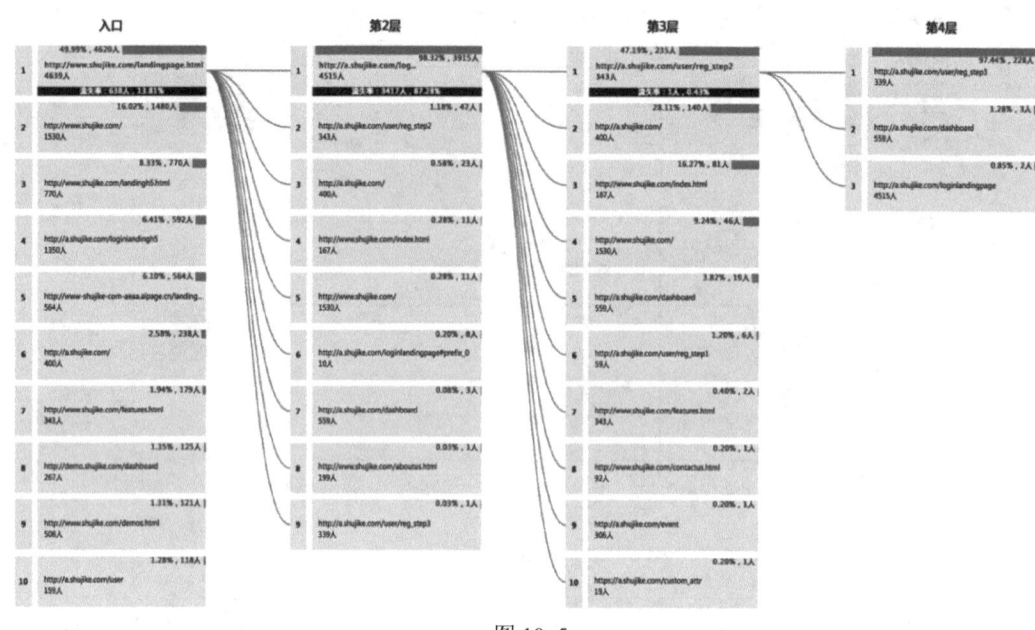

图 10-5

用户流向分析非常直观,但需要分析人员有一定的经验和判断能力。为了解决这个问题,数极客研发了智能路径分析功能,只需要选择转化目标后,一键就能分析出用户转化的主流路径。将创建漏斗的效率缩短到了几秒,如图 10-6 所示。

图 10-6

(二)漏斗对比分析法

转化分析仅用普通的漏斗是不够的,需要分析影响转化的细节因素,能否进行细分和对比分析非常关键。例如:转化漏斗按用户来源渠道对比,可以掌握不同渠道的转化差异用于优化渠道;而按用户设备对比,则可以了解不同设备的用户的转化差异,如图 10-7 所示。

图 10-7

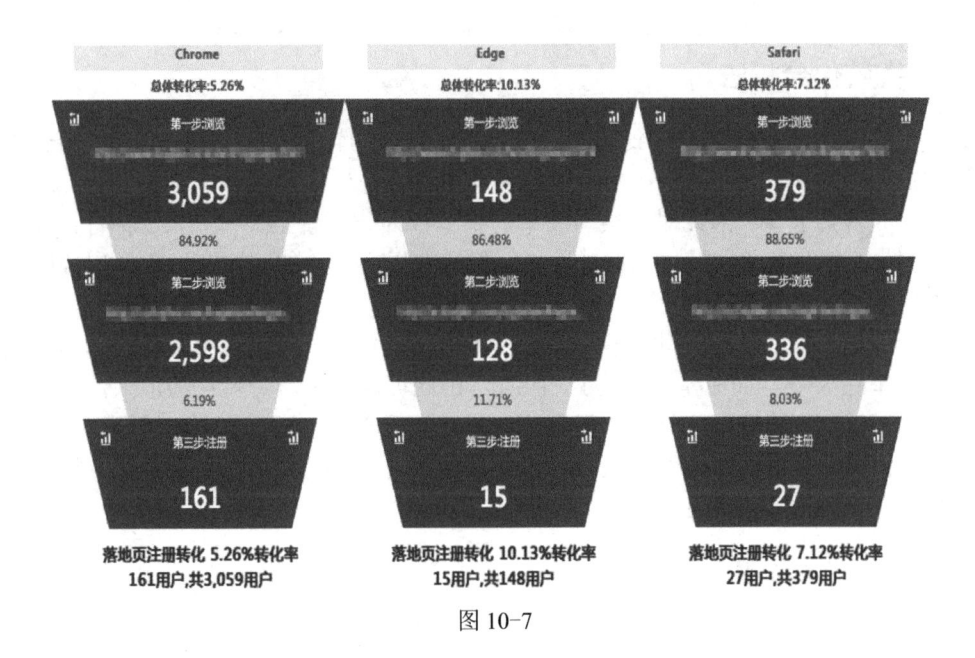

(三）漏斗与用户流向结合分析法

一般的转化漏斗只有主干流程，而没有每个步骤流入流出的详细信息，当我们在分析用户注册转化时，如果能知道没有转化到下一步的用户去了哪里，我们就能更有效地规划好用户的转化路径。例如：图 10-8 中的转化路径，没有进入第二步的用户有 88% 是直接离开了，而还有 10% 的用户是注册用户选择直接登录，只有 2% 的用户绕过了落地页去网站首页了，而没有从第二步转化至第三步的用户 100% 都离开了。这是比较典型的封闭式落地页，因此只需要优化第三步的转化率即可提升整体转化率。

图 10-8

三、微转化分析法

很多行为分析产品只能分析到功能层级和事件层级的转化,但在用户交互细节分析方面存在严重的缺失,例如,在图10-8所示的漏斗中我们分析出最后一步是影响转化的关键,但最后一步是注册表单,因此对于填写表单的细节行为分析就至关重要,这种行为我们称为微转化。例如,填写表单所花费的时长,填写但没有提交表单的用户在填哪个字段时流失最多,表单字段空白率等表单填写行为。

通过上述表单填写的微转化分析,如图10-9、图10-10所示,用户从开始填写到注册成功的转化率达85%,而流量到填写只有8%,由此可以得出影响转化的最大泄漏点就是填写率,那么如何提高填写率就是我们提升注册转化的核心。有效的内容和精准的渠道是影响填写的核心因素,渠道因素我们在获客分析中已经讲过,这就引出我们微转化分析的第4种工具:用户注意力分析。

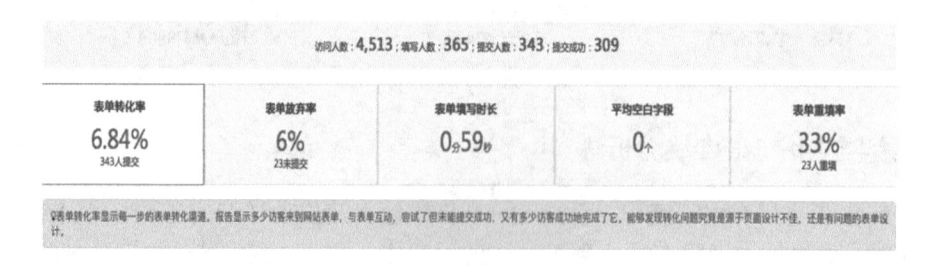

图10-9

四、热力图分析法

用户在页面上的单击、浏览、在页面元素上的停留时长、滚动屏幕等用户与页面内容的交互行为,这些都代表用户对产品要展示的信息的关注程度,是否能吸引用户的眼球。

业务数据需要可视化,数极客把上述行为转化成了分屏触达率热图、链接单击图、页面单击图、浏览热图、注意力热图这5种热图,通过5种热图的交叉分析,可以有效地分析出用户最关注的内容,如图10-11所示。

图 10-10

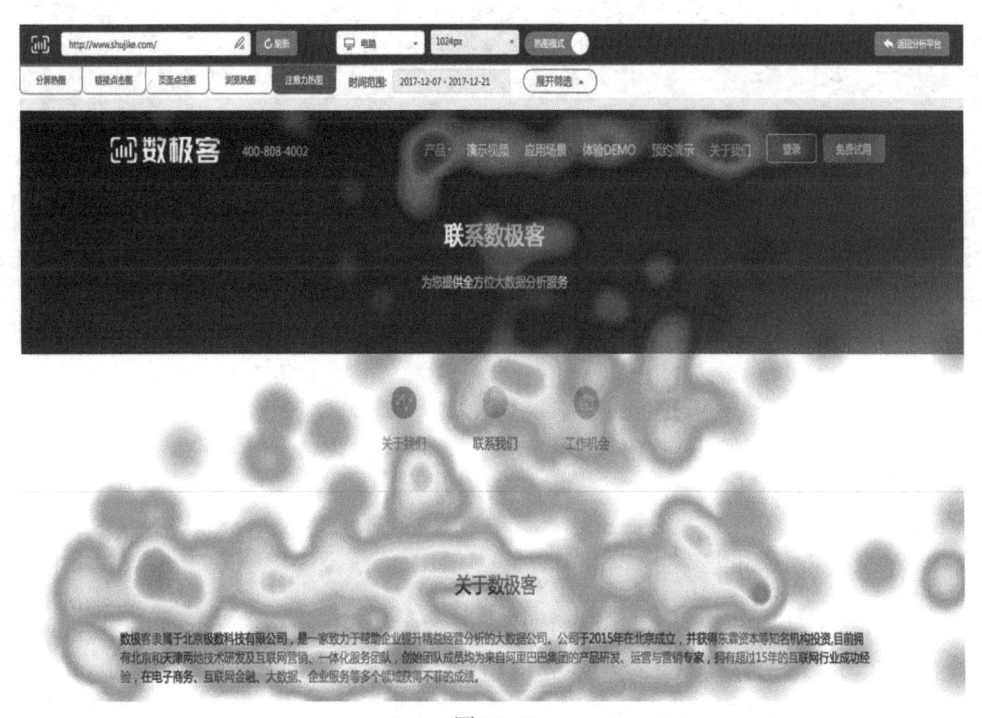

图 10-11

只有能掌握微转化的交互行为分析,才能更有效地提高转化率。而一切不能有效提高平台转化率的分析工具都在浪费企业的人力和时间资源,这也是众多企业没有从用户行为分析中获益的根本原因。

五、定性分析法

用户体验是企业的头等大事，在产品设计、用户研究、研发、运营、营销、客户服务等众多环节中，都需要掌握用户的真实体验过程。但如何优化用户体验向来是内部争议较多的内容，主要原因还是通过定量数据分析难以具体和形象地描述。通过行为分析发现异常用户行为时，能否重现用户使用你的产品时的具体场景，这对于优化产品的体验至关重要。

有些公司的用户体验部门会通过邀请用户到公司进行访谈，通过可用性实验的方式来进行体验优化，但这种方式需要花费比较多的时间和费用投入，样本不一定具有代表性。为了解决这个难题，数极客研发了用户行为录屏工具，如图10-12所示，无需邀请用户到公司实地录制，因此节省成本，可直观高效地以视频形式还原用户的真实操作，使得企业各岗位均能掌握用户体验的一手信息，帮助产品研发提高用户体验。

图 10-12

六、A/B 测试

（一）什么是 A/B 测试？

A/B 测试是一种通过数据分析科学优化产品的方法，为同一个优化目标制订两个或多个方案，随机选择两部分用户，让一部分用户使用 A 方案，另一部分用户使用 B 方案，如图 10-13 所示，统计并对比不同方案的单击率、转化率、活跃留存等指标，找到最优的产品决策方案。在精益创业思想中，不要做一个大而全的东西，而是不断做出能够快速验证的小而精的东西。快速验证的主要方法就是 A/B 测试。

需要注意的是，A/B 测试不是简单的对比测试，国内 99%的企业都误认为其仅仅是对比测试，通过简单的比例指标，选择表现较好的一组方法上线后，发现这一组方法反而导致了整体指标的下降。原因就是 A/B 测试的方法不正确，没有使用统计学的方法对流量的随机分配到测试结果进行科学的解读。

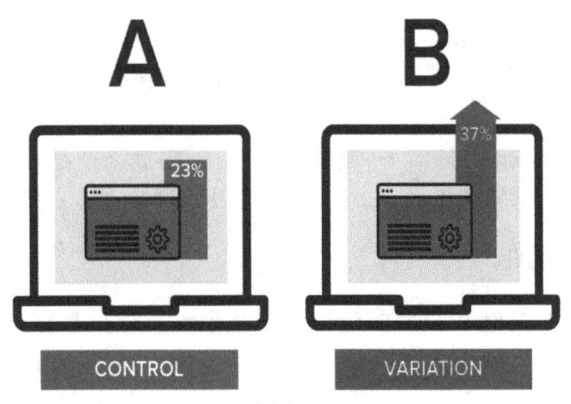

图 10-13

（二）A/B 测试的价值

① 避免风险："后验"主义产品验证，如未达到预期，将导致开发成本上升，客户流失风险高。

② 科学决策：大部分产品经理依靠直觉去决策，但实际情况是我们想的不一定是用户想的；再厉害的 PM 也跑不过一半的 A/B 测试。

③ 低成本高效：传统的开发流程，上线需要排期，开发迭代效率低，A/B 测试不需要发版，直接可以快速验证方案。

（三）A/B 测试的应用场景

① 新页面能否提升停留时间，提升关键行为的转化率？
② button 样式调整，能否带来更多的单击，提升转化率？
③ 新流程是否流畅，是否比旧流程有更好的用户体验？
④ 新算法是否能有效提高产品转化率？

（四）如何做好 A/B 测试

① 制订清晰的测试计划（时间、数量、目标、成功标准）。
② 定义可衡量的转化标准。
③ 找出测试元素、发布测试方案、分配流量。
④ 跟踪数据表现，调整测试要素，找到最优方案。
⑤ 持续改进。

不应犯的错误：
① 无清晰测试计划。
② 流量太少、分配不一致、时间太长。
③ 缺乏监测。
④ 没有评价标准。

（五）总结

在宏观层面（战略和规划）通过增长方法论中的鱼塘理论、机会井理论帮助规划企业的目标市场、客户群体，明确企业提供的核心价值深度，用 AARRR、消费决策模型、行为动机模型完成 PMF（产品—市场匹配），找出 Aha moment（留存关键行为）快速转化为北极星指标。

在微观层面（实战方法论）通过 6 种转化率分析模型提高产品转化率、用户体验；如果能掌握好增长方法论和提升转化的秘诀，就一定可以通过实现业务的快速增长。

七、转化率提升法则

转化率的提升是一个持续和长期的过程，在某个阶段通过数据分析和优化方法提升指标，但经过一段时间后，因为环境的变化、用户习惯的变化等各种原因，有些方法和措施需要进行调整才能持续保持高转化率。因此，我们需要掌握转化率提升的闭环，持续进行改进。如图 10-14 所示。

图 10-14

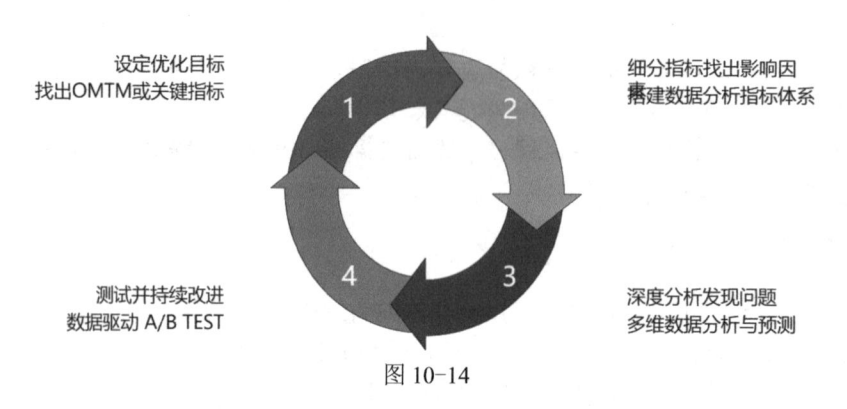

转化率提升的过程就像飞机起飞的过程一样，动力就是用户感知的好处（动机）减去感知的成本（行为难度），而良好的用户体验（触发机制）能让转化率提升得更快。我们所有的分析方法都是为了优化这个等式：动力=感知的好处-感知的成本，提升体验、降低门槛，如图 10-15 所示。

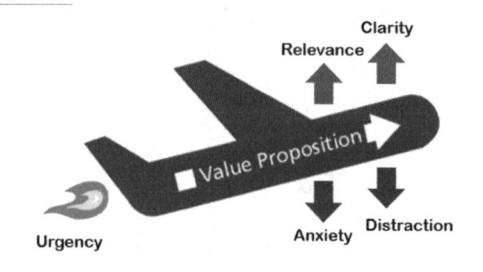

图 10-15

（一级）任务四　销售量的统计方法

销售量的统计方法主要以下三种。

第一，采用送货制的产品，在与运输部门办好托运手续后计算销售量，统计时以承运单位的日戳为准。

第二，采用提货制的产品，在与需方办妥货款结算手续并开出提货单后计算销售量，统计时以提货单上的日期为准。

第三，采用买主分类法的产品，按其不同的分类统计已售出的产品数量。例如按顾客年龄统计儿童、青年、中年、老年购买某一产品的数量，或者按顾客所在区域统计销售量等。

无论采取上述哪种销售量的统计方法，若出现下面两种情况，必须冲减销售量。

① 交货后退回的本年度合格产品，并再次入库的，应冲减销售量。如顾客发现对产品的品种、规格或性能购买有误时，要求退货的产品。

② 交货后退回修理的产品，如果修复后不退回用户而另行销售的，应冲减销售量。

通过销售量核算，可以分析企业产品促销计划完成、超额完成或未完成的原因；销售量的升降趋势；市场占有率变化趋势及从销售量的构成上分析销售品种的变化、新用户的变化、销售地区的变化、销售对象所属部门或主管系统的变化等，从而为制订促销策略提供依据。

销售量是指企业在一定时期内实际促销出去的产品数量。它包括按合同供货方式或其他供货方式售出的产品数量，以及尚未到合同交货期提前交货的预交合同数量。但不包括外购产品（指由外单位购入、不需要本企业任何加工包装，又不与本企业产品一起作价配套出售的产品）的销售量。

（一级）任务五　复购率的计算方法

一、复购率计算的两种方法

（一）重复购买客户数量/客户样本数量

举例：客户样本100人，其中50人重复购买（不用考虑重复购买了几次），复购率=50/100，即为50%。在Excel表格中，可以批量计算重复购买率，如图10-16所示，用计算公式"=B2/A2"即可计算出C2"重复购买率"。

	A	B	C
1	样本数量（人）	重复购买人数	重复购买率
2	100	50	50%

图10-16

（二）客户购买行为次数（或交易次数）/客户样本数量

举例：客户样本100人，其中20人重复购买，这20人中有5人重复购买1次（购买2次），有15人重复购买2次（购买3次），复购率=（5×1+15×2）÷100，结果为35%。在Excel表格中，计算公式如图10-17所示，计算结果如10-18所示。

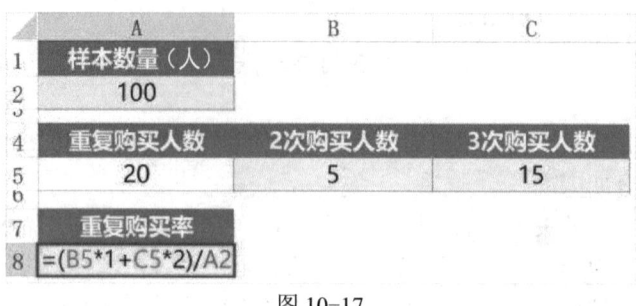

图10-17

图10-18

二、复购率计算的注意事项

① 在进行复购率计算时，一定要确认好统计周期，以便于我们对不同周期的数据进行对比来判断购买趋势。如图10-19所示，有天、周、季度、年等时间周期可供借鉴。

② 在进行重复购买行为分析时，还可以根据产品（或商品）特性对购买的次数进行细分，如图10-20所示。

图10-19

图10-20

③ 为了更直观地了解客户重复购买行为，我们可以借助柱形图、环形图、饼图等图表进行分析，分别如图10-21、图10-22、图10-23所示。

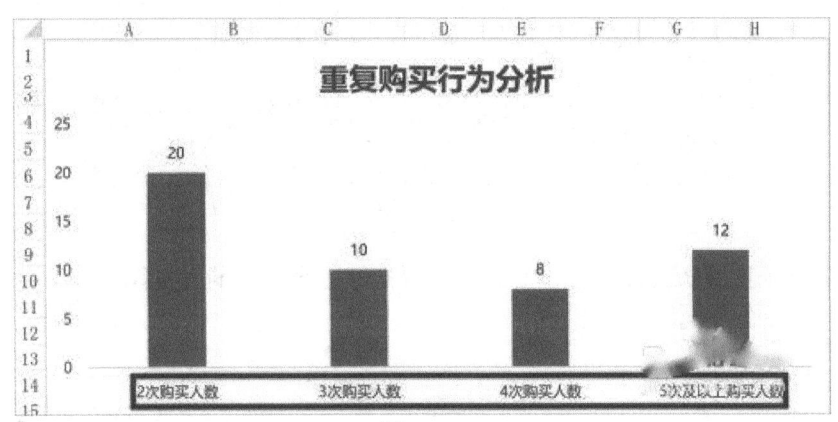

图 10-21

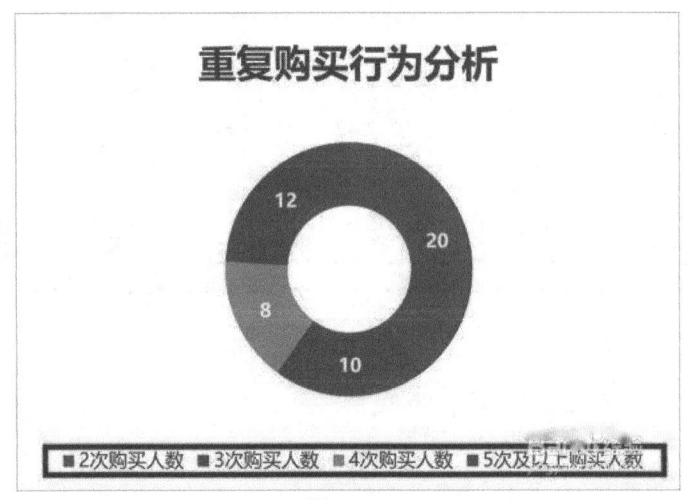

图 10-22

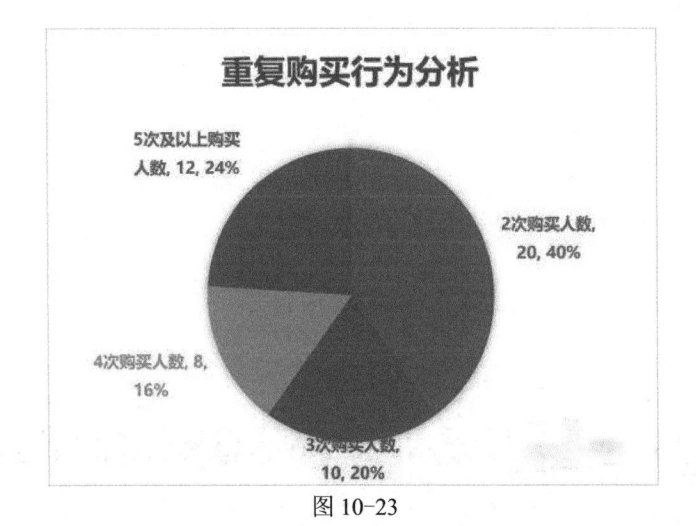

图 10-23

④ 建议进行购买行为细分的时候不要过于细化，否则会不利于抓住重点。例如，可以将购买次数分为2、3次，并统计好各个周期的数据，如图10-24所示。

	A	B	C	D	E	F	G
1	重复购买人数						
2	50						
3		周期1	周期2	周期3	周期4	周期5	周期6
4	2次购买人数	20	18	22	13	29	18
5	3次及以上购买人数	30	32	28	37	21	32

图 10-24

⑤ 借助柱形图或折线图，可以了解到重要指标各个周期的重复购买行为走势，分别如图 10-25、图 10-26 所示。

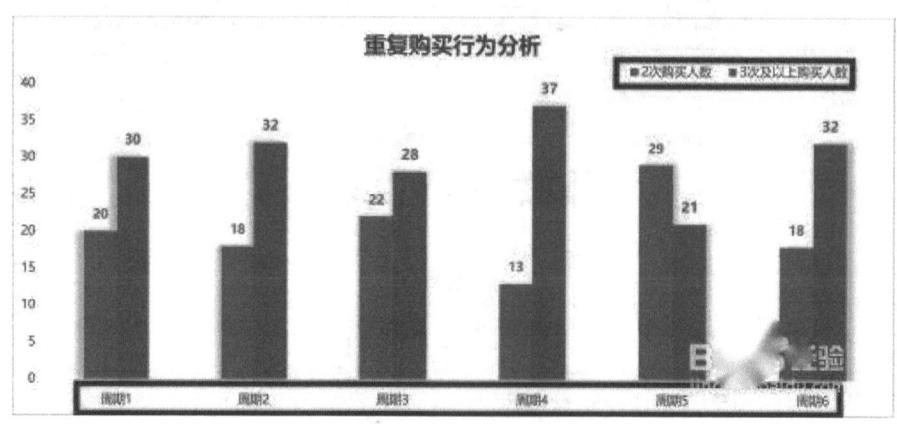

图 10-25

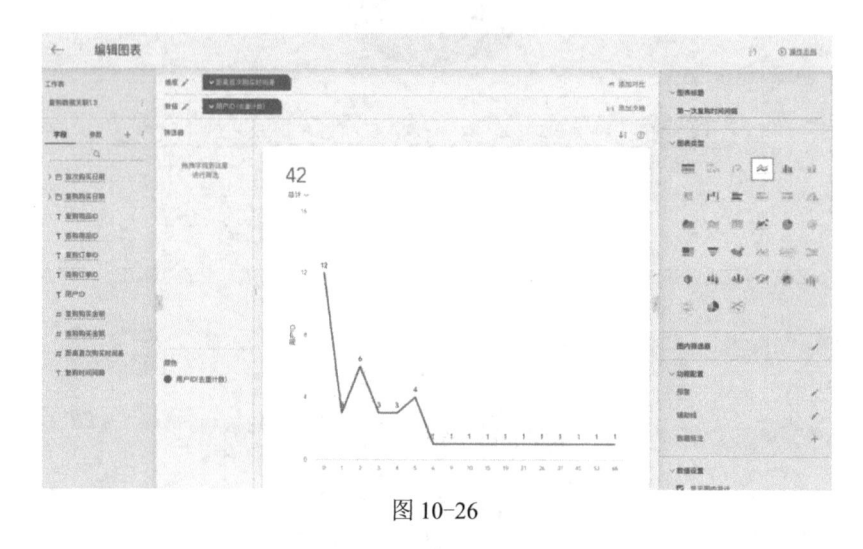

图 10-26

（一级）任务六 产品信息数据库的建立方法

一、数据库的创建一般有 3 种方法

① 使用向导或企业管理器创建。

② 使用脚本或代码创建。
③ 复制或导入数据创建数据库。

在 Access 中，常见的是向导创建，在 MySQL 和 MSSQL 中，常见的是使用可视化企业管理器创建或者代码创建，如图 10-27 所示为 MSSQL 中的创建页面。

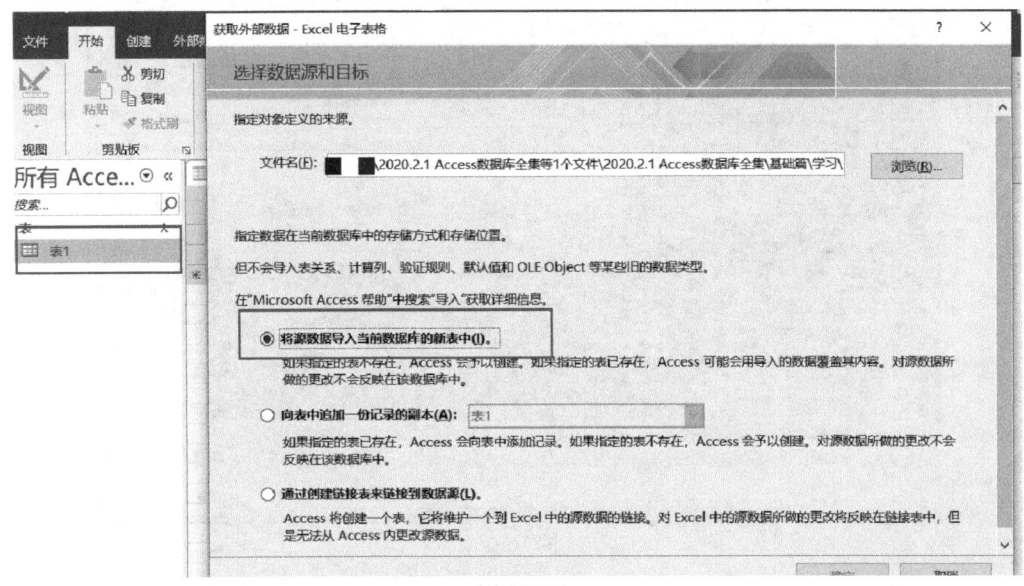

图 10-27

（一）打开企业管理器

在 MSSQL 2008（SQL Server 2008 及以上版本）中，使用可视化企业管理器创建数据库比较常见。

步骤如图 10-28～图 10-30 所示。

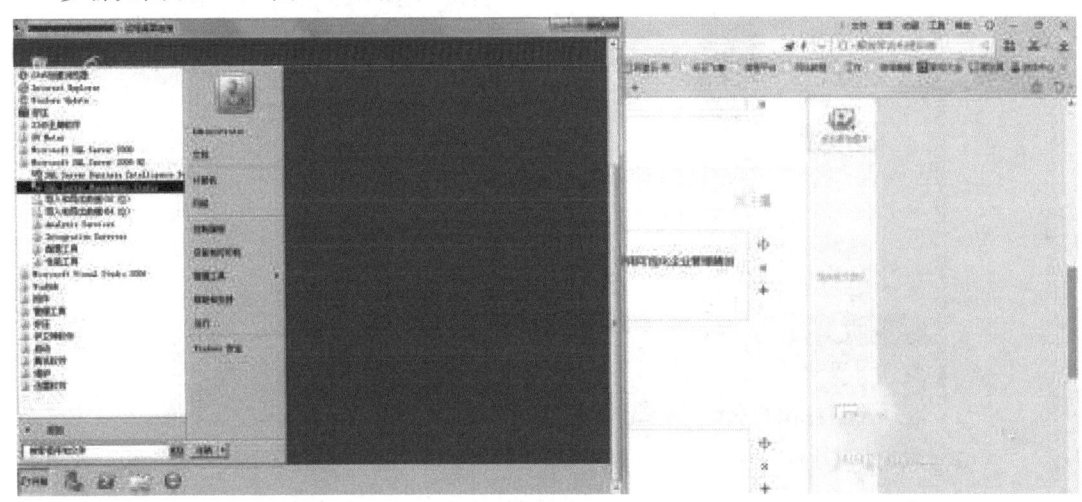

图 10-28

图 10-29

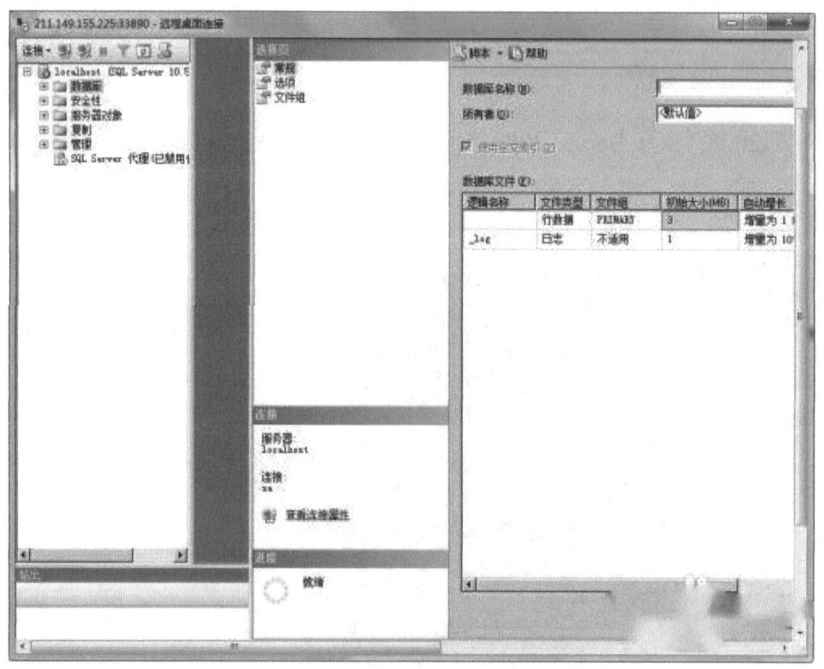

图 10-30

（二）设置数据库参数

打开新建数据库主页，输入数据库名称即可，其他的选项以系统默认为准。如图 10-31、图 10-32 所示。

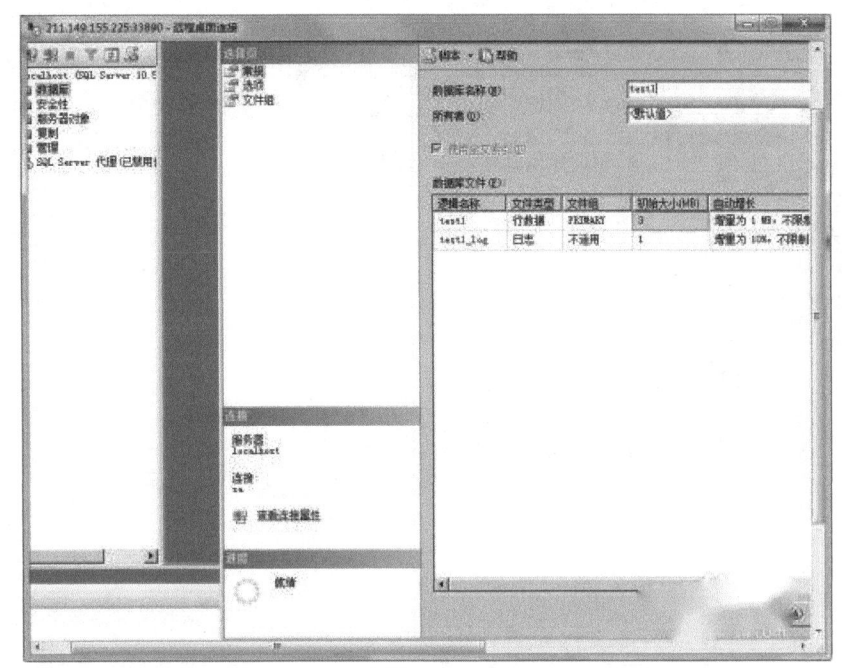

图 10-31

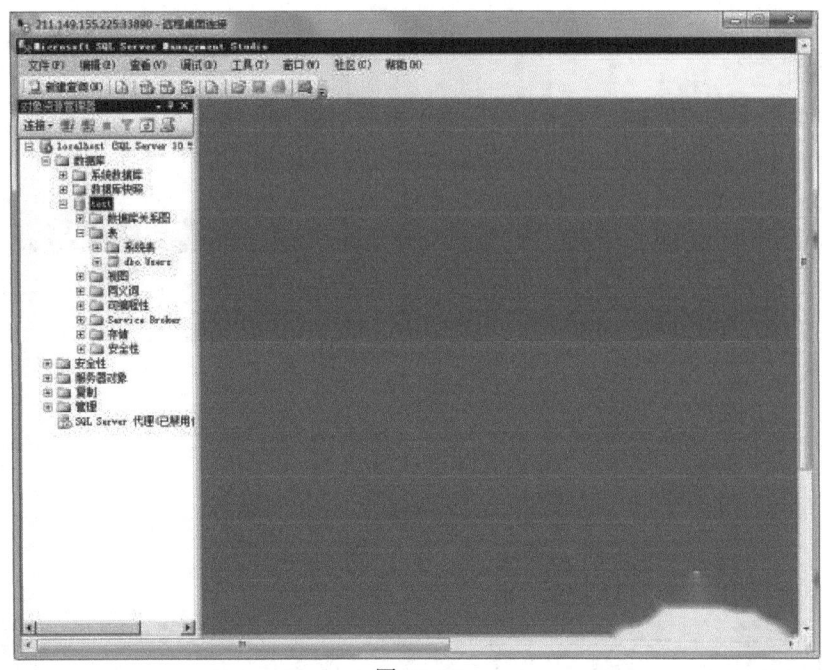

图 10-32

(三)新建表格

数据库必须有数据表才能称得上是完整的数据库。展开新建的数据库—表—新建表,输入字段名称及字段类型,即可创建数据表,如图 10-33 所示。

图 10-33

（四）创建规则

数据库有数据库的规则，比如主键、唯一值、外键等，最常见的就是主键。可视化的主键创建比较简单，如图 10-34、图 10-35 所示。

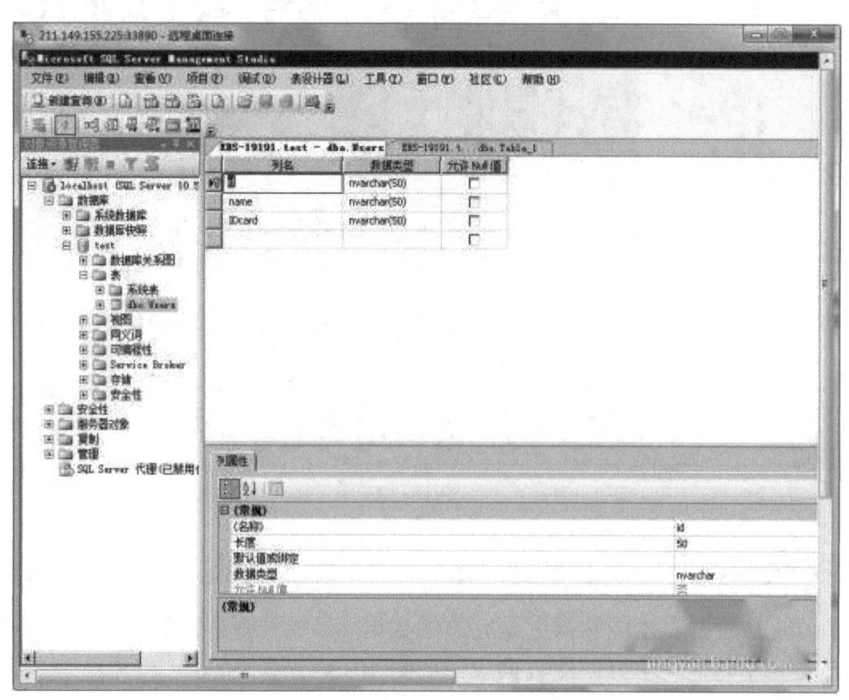

图 10-34

图 10-35

（五）数据录入

数据库可视化创建到此就完成了，数据的录入也比较简单，如图 10-36、图 10-37 所示。

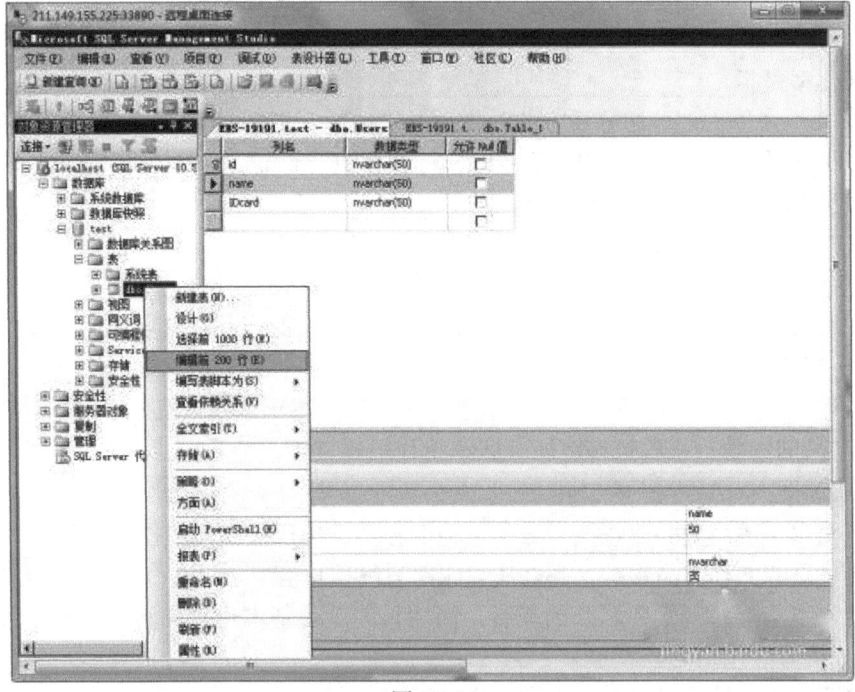

图 10-36

图 10-37

习题

一、填空题

1. 转化率是指_____。

2. _____是一切分析方法的本源，因为单一维度下的指标数据的信息价值很低。

3. 对比分析法，是对两个相互联系的指标数据进行比较，从_____上展示和说明研究对象的规模大小、水平高低、速度快慢等_____，通过相同维度下的指标对比，发现和找出业务在不同阶段的问题。

4. 采用_____的产品，在与运输部门办好托运手续后就计算销售量，统计时以承运单位的日戳为准；采用_____的产品，在与需方办妥货款结算手续，并开出提货单后计算销售量，统计时以提货单上的日期为准；采用买_____的产品，按其不同的分类统计已售出的产品数量。如：按顾客年龄统计儿童、青年、中年、老年购买某一产品的数量，或者按顾客所在区域统计销售量等。

二、简答题

1. 请画出半成品检验流程图、成品检验流程图、出厂检验流程图并解释。

2. 质量跟踪又称产品跟踪，那么质量跟踪有哪些内容？

3. 转化率是互联网平台增长的基石，高增长的平台基本也是高转化率的平台，因此产品转化率分析方法包括哪些？

4. 请简述销售量的统计方法主要有哪些？

| 项目十一 |

选品策划

【项目导读】

选品是重中之重，但大多数新手卖家却无从下手，不知道做什么产品，也怕选错产品。做电商运营的人员，必须掌握的一个技能就是选品。无论是做电商平台、视频种草、直播带货还是社群团购，但凡做电商交易，就必须面对选品这个环节。选品是电商成功的关键，能把店铺持续健康地运营下去，选品一定是重中之重。选品一定要以市场为导向，以数据为依据。选择比努力重要，大部分新手都是因为类目选择不对，导致没有市场，那么新手卖家如何才能确定什么类目适合自己呢？

本项目将从根据主题活动设计选品方案开始介绍，进而讲解选品规划的执行进度的监控问题，介绍自有供应链渠道的建立方法和与相关企业共同开发新产品的方法。

【项目目标】

1. 能根据主题活动设计选品方案
2. 能监控选品规划的执行进度
3. 能建立自有供应链渠道
4. 能与相关企业共同开发新产品

（二级）任务一 选品方案的制订方法

一、选品策略制订

（一）关键词

所谓关键词选品，就是通过搜索关键词的参数质量来决定选品方向。那么决定关键词选品的参数有哪些呢？搜索量×商品关联度÷搜索结果数。搜索量：搜索量越大，意味着潜在客户越多。

商品关联度：搜索量不代表购买转化，所以我们需要选择与商品关联度高的关键词，这样才能最大效率地提高购买转化。

搜索结果数：搜索结果越多，说明竞争者越多，搜索结果较少，说明竞争者较少，更有把握成功。

另外就是长尾关键词了，所谓长尾关键词，就是搜索量没有核心关键词那么多，但是商品关联度却比较高的词。多覆盖这类关键词，对于提升曝光是有很大帮助的，而且在投放性价比上也比较有优势。

（二）品牌塑造

在选品的时候，需要提前思考如何打造品牌。主旨鲜明的品牌对销量的帮助是毫无疑问的，不需要打造人尽皆知的品牌，但品牌本身的包装，可以通过树立一种调性，吸引到一批受众，再借助差异化来打造壁垒，如图 11-1 所示。

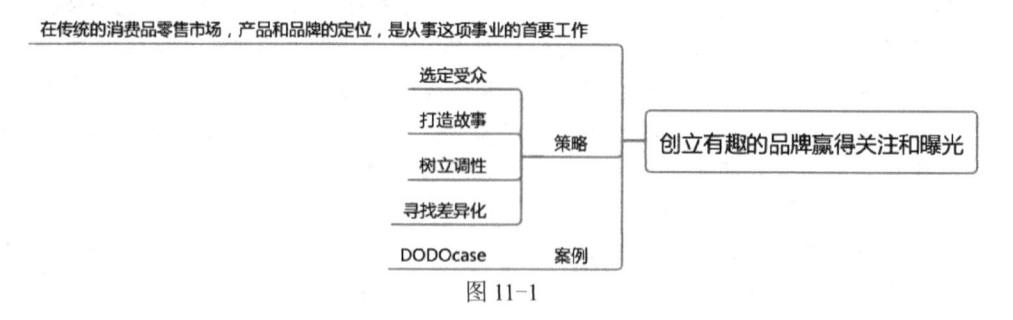

图 11-1

二、寻找市场痛点

在新兴市场中，寻找市场痛点切入的策略会非常有效，找到用户尚未得到满足的需求，交付合适的产品即可，方法如图 11-2 所示。如果是成熟市场，可能很难存在明显的痛点，这时候，需要"包装痛点"。举个例子，"挪车牌"这个商品，许多商家强调的是质量好、号码可隐藏、色彩丰富，但我们完全可以从背光下清晰、耐高温等角度去包装，通过差异化制造二级痛点。

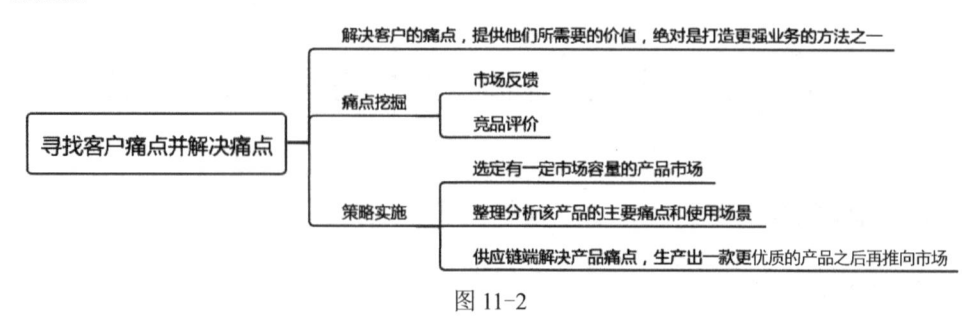

图 11-2

三、消费者调研

当大的品类已经确认后，需要认真考虑受众群体的喜好，才能挑选出合适的细分品类进行销售，如图 11-3 所示。以香水为例，不同国家的人群，因环境、文化、习俗的不同，有不同品类的偏好。因此需要我们提前做好功课，针对当地客群的实际情况，选择对方最乐于接受的品类。

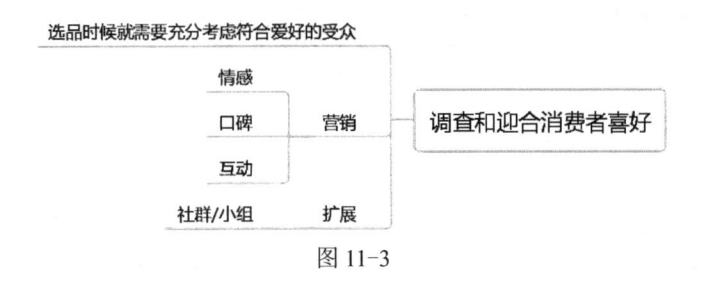

图 11-3

四、成为消费者

当你挑选商品时，需要让自己变成一名消费者，这样你能够从客户的角度，去思考怎样的商品呈现、文案宣传、互动形式，才能够最打动客户。能够从消费者的角度，快速提炼出具有特性和优势的商品，才是最值得选择的，如图 11-4 所示。

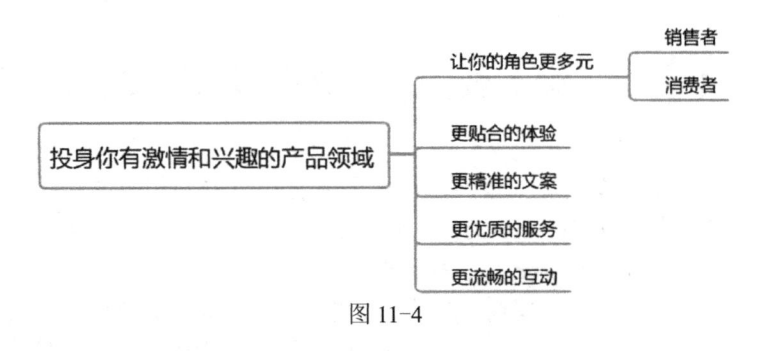

图 11-4

五、用新品打市场

当你通过调研发现了一个蓝海市场，那么接下来就是去评估这个市场的规模，以及用怎样的成本和方式去触达目标客户；同时，你还需要了解潜在的竞争对手数量（如果潜在竞争对手太多，很有可能对方也在开发同类产品）；最后，根据调研情况，判断是通过现有产品迭代还是研发新品，方法如图 11-5 所示。

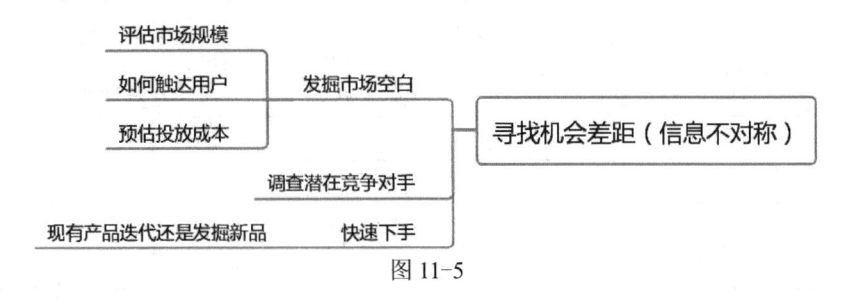

图 11-5

六、选择熟悉的领域

选择你熟悉的领域，这样你才能够比对手更有优势，在选品中若遇到的谈判、抉择时也会更有底，如图 11-6 所示。

```
利用你的专长和经验找到产品 ── 当你运用自己的专长和经验时，销售的就不再是商品
                            └ 销售策略重构
```

图 11-6

七、关注潮流

需要保持对售卖商品细分领域的持续关注。对于趋势的把握，一方面能够帮助你明确选品的目的；另一方面也能够帮助你跟随市场趋势，选中最受消费者青睐的商品，如图 11-7 所示。

```
发现趋势 ┐
关注流行 ├ 把握产品的成长期机会和趋势
把握细分热点 ┘
```

图 11-7

（二级）任务二　选品规划监控的方法

选品规划是指决定在指定店铺中展出的商品集合并设置其相应的库存水平以最大化利润函数。消费者在无法寻找到最喜欢的商品转而购买其他商品的行为被称为替代行为。本任务关注点在于存在替代行为的情况下，零售商进行需求预测和选品规划的方法及其应用。

本任务研究了一种商品组合规划（选品）模型，在该模型中，当消费者最喜爱的商品无法购买时，他们可以接受替代品。首先，本任务提出了一个用于估计每个商店产品的替代行为和需求的参数，包括以前没有在该商店销售的产品的模型。其次，本任务提出了一个迭代优化启发式来解决选品规划问题。最后，建立新的结构特性（基于启发式解决方案），将产品的库存水平与产品特征（如毛利率、箱包大小和需求可变性）联系起来。可自行建立备货时间监控表，如图 11-1 所示。

表 11-1　备货时间监控表

货号	开始备货量	开始备货时间	生命周期	平均发单量	剩余库存	生产周期	运输入库质检时间

开始备货量=货品生命周期×日均发单量

开始备货时间=剩余库存÷日均发单量+生产周期+运输入库质检时间

补充说明：有些产品的生命周期还有一年，商家要根据自身的备货金额来决定备货数量

（一级）任务三　供应链渠道的建立方法

要建好供应链，首先要强化合作意识。供应链管理不再孤立地看待各个企业及各个部门，而是要把所有合作企业间的内外联系体——供应商、生产商与销售商等看成是一个有机联系的整体，且供应链中的各企业应变过去的"敌对"关系为紧密合作的伙伴关系。

合作企业间就可能借助对方的核心竞争力形成维持甚至强化自己的核心竞争力，并对供应链中可增加价值和降低成本有关的所有联系进行积极主动的地管理，以完成大家共同的目标——为最终用户及时提供高质量的产品。在此目标下，企业将产生强烈的合作意识，组建供应链联盟就成为企业的内在需求。但要取得联盟的优良效果，先要做好以下四件关键性事情。

一、建立明确的供应链战略体系

供应链战略是用于指导整个供应链高效运作并获得可观利益的原则，它需要清晰明确地表达出来，并成为各成员企业行为的统一规范，这是供应链战略联盟得以组建的基础。供应链战略一方面明确了供应链组建的目的及意义，也就是供应链运行最终需要达到的成就，供应链战略联盟各成员企业在战略体系的指导下互相协作。因而，一个明确的供应链战略体系对于供应链战略联盟来说是必不可少的。

二、寻求合适的合作企业

没有合适的合作企业，不仅会侵蚀企业的利润，而且还会使企业失去与其他适合的企业合作的机会，在无形中抑制了企业竞争力的提高。因此，要按照以下原则选择合作企业。

（一）合作企业必须拥有各自可利用的核心竞争力

合作企业间都拥有各自的核心竞争力，结合各自的核心竞争力，可提高整条供应链的运作效率从而为企业带来可观的效益。核心竞争力包括：及时准确的市场信息、快速高效的物流、快速的新产品研制、高质量的超值服务、最大限度的成本降低等。

（二）合作企业必须拥有相同的企业价值观及战略思想

企业价值观的差异表现在：是否存在官僚作风，是否强调资金的快速回收，是否采取长期效应的观点等。战略思想的差异表现在：市场策略是否一致，注重质量还是注重价格等。如果合作企业间的企业价值观及战略思想差距过大，合作必定以失败而告终。

（三）合作企业必须少而精

选择合作企业要有强烈的目的性和针对性，过滥的合作可能会过多地浪费资源机会与成本。

三、建立合作企业间的信任机制

信任是合作企业间进行有效合作的纽带与保证。然而，虽然供应链各企业的决策者们也深知合作的重要性，但却往往对"合作条款"缺乏信任度，或处于"观望"和"保留意见"状态，怕本企业在合作过程中"吃亏"。如果是这样，企业间就无法建立起有效的合作。要改变这种状况，就要在合作企业间建立信任机制。

这种机制一方面使合作企业视它们的"共同产品"以被顾客满意的程度为生命，从而实现合作企业的共同目标；另一方面，使合作企业在制约机制的约束下摆正本企业的位置，并自觉遵守"合作条款"。这是合作企业间成功合作的重要基础。合作企业只有建立了信任机制，整条供应链的运作效率才能得到保证和提高，企业才能赢得长久的竞争优势。

四、及时解决合作企业间的问题

在瞬息万变的市场环境中，一条长长的供应链一直保持高速运转是不可能一帆风顺的，"链"中的各企业由于工作目标不尽相同，其工作方法也会因组织管理方式及组织文化等方面存在的差异而有所不同。在日程安排、成本的分摊及利益的分配等方面也可能存在分歧。这些问题如得不到及时、圆满的解决，整条供应链的运作效率就将大打折扣。因此，企业最高层领导对于供应链管理要给予足够的重视和支持，要成立专门的小组，以灵活、务实、忍耐、宽容的态度，及时协调解决可能发生的各种问题，促进供应链整体目标的实现。强烈的合作意识与良好的供应链，是企业实施供应链管理的重要基础。企业只要能够寻求到合适的合作企业，建立起合作企业间的信任机制，及时解决合作企业间的问题，并投资建设具有物质技术的基础设施，就能为提高供应链绩效打下坚实的基础。

（一级）任务四　产品开发的相关要求

产品开发就是企业改进老产品或开发新产品，使其具有新的特征或用途，以满足市场需求的流程。

由于人们的需求经常变化与提高，企业只有不断改进产品，增加产品的特色和功能，提高产品质量，改进产品的外观包装装潢，才能适应消费者不断变化的需求。产品开发不仅指生产新产品，而且指改良新产品。

产品开发应选择那些能够顺应并且满足客户需求的产品样式，同时又是能够被设计并开发出的产品。产品开发能够为企业带来收益和利润，使企业一直保持市场的竞争优势。

（一）产品的开发应当考虑的因素

① 产品的市场潜力。

② 产品的收益性。

③ 市场的竞争力。综合考虑市场的容量，了解设计并开发出的产品能否具有竞争优势，考虑市场的竞争弱点，选择有利于发挥企业核心技术优势的产品进行设计开发。

④ 可利用的资源条件。考虑开发设计产品的材质、工艺、便利程度、经济性和环保性。

⑤ 考虑现有的技术水平和生产能力在设计产品的过程中能否将通过充分考虑设计出的产品制作出来，能否符合它的工艺。如设计的产品没有考虑它的工艺和生产能力，这使设计的产品只能是"纸上谈兵"。

⑥ 经销能力、销售渠道、市场的服务能力。
⑦ 国家政策、法律法规等。

（二）产品的开发应当遵循的要求

① 功能要求：确定产品在网络平台上的功能和使用场景，确保产品在数字化环境下的功能有效、易用并吸引人。
② 适应性要求：产品应适应不同用户群体、设备和网络环境，具备良好的响应性和适应性。
③ 性能要求：确保产品在网络环境下的性能表现优秀，包括加载速度、响应时间、稳定性等。
④ 可靠性要求：确保产品在线上使用条件下稳定可靠，避免崩溃或故障。
⑤ 使用寿命：在数字化环境下，使用寿命可根据产品类型和市场需求进行设定，要确保产品能长期保持优秀性能。
⑥ 效率要求：确保产品的设计可以充分提高用户体验和效率。
⑦ 使用经济性要求：考虑产品的生产成本、运营成本和市场价值，确保在网络营销中具有竞争力。
⑧ 成本要求：确保在网络营销的整个生命周期内，产品的开发、运营和维护成本都在可控范围内。
⑨ 人机工程学要求：确保产品的界面和交互设计符合人机工程学原理，使用户易于操作和理解。
⑩ 安全防护、自动报警要求：在网络营销中要特别注意产品的信息安全和用户隐私保护。
⑪ 与环境适应的要求：在数字化环境下，产品的表现要与市场、竞争环境和用户需求相匹配。
⑫ 运输、包装的要求：对于数字化产品，运输和包装通常是数字传递和下载的形式，要确保产品传递的稳定性和完整性。
⑬ 稳定性要求：对于数字化产品，强度和刚度通常指产品的稳定性和抗干扰能力。
⑭ 各作业动作间的协调配合要求：确保各个部门和团队在网络营销中的协调和配合，以提高产品的整体效能。

在网络营销的产品设计要求中，特别关注用户体验、数字化技术和网络环境的特点，确保产品能够在在线平台上得到有效传播和推广，并满足用户的需求和期望。

（三）产品设计的基本原则

① 需求原则：产品的功能要求来自需求。产品要满足客观的需求，这是一切设计最基本的出发点。不考虑客观需求会造成产品的积压和浪费。客观需求是随着时间、地点的不同而发生变化的，这种变化了的需求是设计升级换代产品的依据。客观需求有显需求和隐需求之分，显需求的发展可导致产品的不断改进、升级、更新、换代；隐需求的开发会导致创造发明，形成新颖的产品。
② 创造性原则：设计人员的大胆创新，有利于冲破各种传统观念和惯例的束缚，创造发明出各种各样原理独特、结构新颖的机械产品。

③ 语义性原则：设计师运用材料、构造、造型、色彩等来表达产品存在的依据。
④ 美学的原则：产品设计出来要提高精致度，外观面要整洁，让人有过目不忘的感觉。
⑤ 简洁的原则：在确保产品功能的前提下，应力求设计出的产品要简化，以降低产品成本，并确保质量。在产品初步设计阶段和改进设计阶段，尤应突出运用这个基本原则。

习题

一、判断题

1．选品规划是指决定在指定店铺中展出的商品集合并设置其相应的库存水平以最大化利润函数。（　）

2．核心竞争力包括：及时准确的市场信息、快速高效的物流、快速的新产品研制、高质量的超值服务、最大限度的成本降低等。（　）

3．战略思想差异表现与市场策略是否一致，注重质量还是注重价格等。（　）

4．产品开发就是企业改进老产品或开发新产品，使其具有新的特征或用途，以满足市场的需求的流程。（　）

二、简答题

1．请简述选品方案的制订方法。

2．供应链管理不再孤立地看待各个企业及各个部门，而是要把所有合作企业间的内外联系体——供应商、生产商与销售商等看成是一个有机联系的整体，且供应链中的各企业应变过去的"敌对"关系为紧密合作的伙伴关系。但要取得联盟的优良效果，先要做好哪几件关键性事情？

3．请简述产品开发的相关要求。

| 项目十二 |

团队架构设置与团队文化建设

【项目导读】

没有一支好的团队,公司就会成为一盘散沙,更谈不上公司的发展与员工的进步。团队文化的核心是协作,团结协作才能成就共同事业,从而才能实现和满足团队成员的各自需求,有效的团队文化是获得成功的切实保障。"共同的目标"是团队的凝聚力,"相互的信任"是团队的基石,"积极性"是团队前进的力量源泉。营造愉快的工作氛围是搞好团队建设的基础,有效的沟通可以在团队建设中上情下达、下情上传,促进彼此了解,消除员工内心的紧张和隔阂,从而形成良好的工作氛围。

本项目将从团队的搭建方法开始讲解,介绍如何根据业务需求搭建团队,如何根据业务方向调整团队分工,进而了解如何建立团队文化理念。

【项目目标】

1. 能制订团队考核标准
2. 能解决跨部门协作的问题
3. 能建立员工的评价体系
4. 能建立员工相互评价机制
5. 能根据业务需求搭建团队
6. 能根据业务方向调整团队分工
7. 能建立团队文化理念
8. 能制订团队管理规范

(二级)任务一 考核标准设计方法

一、选择选品团队成员的原则

考核标准的设计方法通常涉及多个步骤,以确保评估过程公正、准确、可靠。下面是一个常见的考核标准设计方法的示例:

一、明确目的和目标

首先，明确考核的目的和目标。确定你想要评估的是什么，以及你希望通过考核了解什么样的信息。

二、明确要素和特征

确定需要考察的要素和特征。这些特征应该与工作、任务或能力的核心要求相关。

三、制订标准和指标

为每个要素或特征制订评估标准和具体指标。这些标准和指标应该能够量化或描述被评估对象的表现。

四、确定权重

对于不同的要素或特征，可能有不同的重要性。为每个要素或特征分配权重，以反映其在整体考核中的相对重要程度。

五、制订评分体系

设计一个评分体系，将每个标准和指标映射到分数范围。可以采用百分制、等级制或其他合适的评分方式。

六、明确评估程序

确定评估的具体步骤和程序。包括评估的时间、地点、评估者的角色等。

七、培训评估者

如果涉及多个评估者，确保他们理解评估标准、指标和评分体系，并具备一致的理解。

八、实施考核

在考核过程中，根据制订的标准和指标，对被评估对象进行评估并记录相关数据。

九、数据分析与归纳

对收集到的数据进行分析，汇总评估结果。可以计算得分、平均值等统计指标。

十、结果反馈

向被评估对象提供评估结果的反馈。这可以是定期的绩效评估报告、面谈或其他形式。

十一、持续改进

根据评估结果和反馈，定期审查和更新考核标准和流程，以确保其与组织的目标和需求保持一致。

请注意，考核标准的设计应该根据实际情况进行调整，以确保其适用于特定的工作、任务或能力评估。同时，要保证考核过程的公平性和透明性，避免主观判断和偏见的影响。

（二级）任务二　协作沟通技巧

在协作和沟通方面，以下是一些重要的技巧，可以帮助团队成员更有效地合作和交流：

一、有效倾听

倾听是良好沟通的基础。给予对方充分的注意，避免打断，理解他们的观点和意见。

二、明确表达

用清晰、简洁的语言表达想法和观点，避免使用模棱两可或难以理解的词汇。

三、积极沟通

鼓励积极、开放的沟通氛围，让团队成员感到自由表达意见和提出问题。

四、尊重多样性

尊重不同意见、文化和背景。多样性可以带来创新和更好的解决方案。

五、提问和反馈

学会提问以深入了解问题，同时也要接受和给予建设性的反馈，帮助持续改进。

六、用图表和图形辅助

使用图表、图形和其他可视化工具来更清晰地传达复杂的信息和概念。

七、避免假设

不要基于猜测或假设行动。如果有疑问，及时进行澄清。

八、共享信息

及时分享重要信息和进展，确保团队成员都了解项目的状态。

九、灵活性

在沟通和协作中保持灵活性，愿意调整自己的方法和观点。

十、解决冲突

当出现冲突时，采取建设性的方法解决问题，避免情绪化的争吵。

十一、确保明确的期望

在合作项目开始时，明确每个人的角色、职责和预期成果。

十二、使用适当的沟通工具

根据情况选择适当的沟通工具，如面对面会议、电子邮件、即时消息、视频会议等。

十三、注意非语言沟通

注意肢体语言、面部表情和声音的语调，它们传达了信息的另一层含义。

十四、及时回应

尽量及时回应消息和请求，显示你对合作的重视。

十五、分享成功和失败

不仅在成功时分享喜悦，也要在失败时分享教训，以促进持续学习和改进。

十六、团队建设活动

参与团队建设活动，加强团队成员之间的关系，提高协作效率。

这些技巧可以帮助你在协作和沟通中更加成功和有效地与他人合作，建立良好的工作关系，并在团队中取得更好的成果。

（二级）任务三　评价体系建立方法

建立有效的评价体系对于组织的绩效管理和发展至关重要。以下是建立评价体系的一般步骤和方法：

一、明确目标和目的

确定评价体系的目标，是为了衡量员工绩效、激励、晋升，还是其他目的。明确目的将有助于后续设计。

二、界定评价内容

确定需要评价的方面，包括关键绩效指标、核心职责、行为特征等。确保这些内容与岗位职责和组织目标相一致。

三、制订评价标准

对于每个评价内容，制订明确的评价标准。这些标准可以是定量的，如数字目标的达成程度，也可以是定性的，如技能和行为特征。

四、建立评价指标

将评价标准转化为实际可衡量的指标，以便更具体地评估员工的表现。确保指标具有客观性、可量化性和可衡量性。

五、权重分配

为不同的评价内容和指标分配权重，以反映它们在绩效评价中的相对重要性。

六、选择评价方法

根据评价内容和目的，选择合适的评价方法，如自评、上级评、同事评、360度评价等。不同方法可以提供不同维度的信息。

七、制订评分体系

设计一个评分体系，将员工的表现映射到具体的分数或等级。确保评分体系清晰易懂，并能够准确反映绩效水平。

八、培训和沟通

向员工解释评价体系的设计和使用方法，提供培训和指导，确保他们理解如何参与和受益于评价过程。

九、试行和改进

在实际使用前进行试行，收集反馈，发现可能存在的问题并进行改进。确保评价体系能够在实践中有效运作。

十、持续监测和调整

定期审查评价体系的有效性，根据反馈和业务变化进行调整。维持评价体系的与时俱进。

十一、透明和公正

确保评价体系的透明性和公正性，避免主观偏见和不公平现象。

十二、定期回顾

定期与员工讨论评价结果，提供具体的反馈和建议，促进持续发展和改进。

十三、与奖励体系关联

将评价结果与奖励体系关联起来，确保绩效得到适当的认可和激励。

十四、持续培训和发展

基于评价结果，为员工提供有针对性的培训和发展机会，帮助他们不断提升绩效水平。

建立评价体系需要综合考虑组织的特定需求和文化，确保评价体系与组织的目标和价值观相一致。同时，建立一个灵活、透明和可持续的评价体系，可以促进员工的成长和组织的成功。

（二级）任务四　互评机制建立方法

建立有效的互评机制可以促进团队合作、增强互信、提高绩效。以下是建立互评机制的一般步骤和方法：

一、明确目标和目的

确定互评机制的目标和目的。是为了改进团队合作、增强沟通，还是用于绩效评估等。

二、确定互评内容

确定需要在互评中评价的方面，可以包括合作态度、贡献、沟通能力、领导力等。确保内容与团队目标和价值观相符。

三、选择评价指标

为每个评价内容选择适当的评价指标，这些指标可以是具体的行为、能力或特质。确保指标具有可量化性和可观察性。

四、设定评分标准

为每个评价指标制订明确的评分标准，将不同水平的表现映射到具体的分数或等级。

五、确定评价频率

确定互评的频率，是每月、每季度还是其他周期。频率应该充分考虑团队的工作节奏和需要。

六、保障匿名性

对于互评机制，通常建议保障匿名性，以便成员可以更自由地提供意见和反馈，减少担心可能的后果。

七、设立评价渠道

确定评价的收集渠道，可以使用在线调查工具、匿名问卷、专门的评价平台等。

八、培训和指导

为团队成员提供培训，解释互评机制的设计和使用方法，确保他们理解如何进行评价。

九、试行和反馈

在初期试行阶段，收集团队成员的反馈，以便调整和改进互评机制。

十、结果解读

对互评结果进行解读，可以通过汇总和分析，了解团队整体的表现和问题。

十一、讨论和行动计划

团队可以根据互评结果举行讨论，制订改进计划，明确针对问题和弱点的行动步骤。

十二、定期回顾

定期回顾互评机制的效果和影响，根据结果对机制进行调整和优化。

十三、建立信任

通过透明和公正的互评过程，逐步建立团队成员之间的信任和尊重。

十四、奖励和认可

将互评结果与奖励和认可体系关联，鼓励积极的互动和合作。

十五、持续改进

互评机制应该是一个不断改进的过程，根据反馈和经验进行调整，以提高其效果和价值。

建立互评机制需要灵活考虑团队的特点和需求，确保其在促进团队合作和发展方面发挥积极作用。同时，要注意平衡积极反馈和建议改进的反馈，以建立一个有益的互评氛围。

（一级）任务五　团队架构的搭建方法

一、选择选品团队成员的原则

选品团队是指为了实现某商品销售目标而相互协作的管理人员和工作人员所组成的正式团队，它合理利用每一位成员的知识和技能协同工作、解决问题，以实现共同的目标。

组建选品团队，首先需要考虑团队所需成员应具备的知识、素质和能力，之后按照实际需要选择能够胜任职务的成员。选择选品团队成员一般要遵循以下四个原则。

（一）人数合理

团队刚开始组建的时候，会碰到很多意想不到的问题。例如，人少了，团队的群体效应不能发挥出来；人多了，思想不容易统一，碰到困难很容易出现争执。一般初建阶段的选品团队成员以 3～5 人为宜，以便于组织领导与任务分工，保证团队各项工作完成的速度和质量。

（二）技能互补

选品团队的技能人才主要包括：负责团队分工协调和紧急事务处理的管理型人才，负责资金运作和报表制作的财会人才，负责活动策划的创意型人才，负责内容编辑和运营推广的实干型人才，等等。在团队创建初期，每位团队成员都应注意个人其他潜力的培养和挖掘，让每个人都具有独当多面的能力。

（三）目标统一

目标是凝聚团队成员的核心要素，在团队组建过程中具有特殊意义。如果团队成员坚定了未来发展目标，预见了随着目标实现而到来的美好未来，就会把个人目标融入团队目标中，并为实现目标而努力奋斗。目标也是有效的协调要素。团队中各种角色的个性、能力有所不同，只有为了同一个目标，保持步调一致才能取得成功。

（四）责任心强

没有责任心的人，无论能力多强，都很难取得真正的成功。每个团队成员都要肩负起自己的责任，为团队目标共同努力，而不是相互推脱、相互拆台。

二、选品团队的构架

选品团队是负责产品选品工作的团队，其构架应根据企业的规模、业务类型和选品策略来设计，通常包括以下几个关键角色。

（一）选品经理/团队负责人

主要工作内容：负责整个选品团队的管理和协调工作，制订选品策略和目标，监督选品过程和选品结果，与其他部门进行沟通和协调。

应具备的能力：全面了解市场和行业情况，具有优秀的管理和领导能力，能够作出战略性的选品决策，善于与团队合作和沟通。

（二）市场分析师

主要工作内容：负责市场调研和竞争分析，了解行业趋势和市场需求，为选品决策提供数据支持和市场洞察。

应具备的能力：熟悉市场调研和数据分析方法，具有较强的数据分析和解读能力，能够从市场数据中提炼有价值的信息和建议。

（三）产品经理

主要工作内容：负责具体产品线或品类的选品工作，与供应商合作，寻找新产品，优化现有产品，确保产品的质量和竞争力。

应具备的能力：熟悉产品相关知识和市场需求，具有良好的供应链管理和谈判能力，能够发现和开发现有市场潜力的产品。

（四）采购专员

主要工作内容：负责与供应商协商合作，处理采购事务，确保产品的采购流程顺畅，价格合理，库存充足。

应具备的能力：具有供应链管理和采购经验，能够与供应商有效沟通和协商，保持良好的合作关系。

（五）质量控制专员

主要工作内容：负责对产品质量进行检验和把控，确保产品符合质量标准和要求，提高产品的质量和用户满意度。

应具备的能力：熟悉产品质量检验和控制方法，具有较强的质量意识和问题解决能力。

（六）供应链管理专员

主要工作内容：负责管理供应链中的物流和库存，确保产品的及时交付和库存的管理，优化供应链效率。

应具备的能力：熟悉供应链管理和物流运作，能够有效协调和管理供应链中的各个环节。

（七）营销策划师

主要工作内容：与市场分析师和产品经理紧密合作，制订产品营销策略和推广计划，提高产品的曝光度和销售额。

应具备的能力：具有市场营销和推广经验，能够制订切实可行的营销策略和计划。

（八）数据分析师

主要工作内容：负责对销售数据和市场反馈进行分析，评估产品销售情况和市场表现，为选品决策提供数据支持。

应具备的能力：具有较强的数据分析和统计能力，能够从数据中发现问题和机会，提供有效的决策支持。

（九）用户研究员

主要工作内容：负责对用户需求和行为进行研究，了解用户喜好和购买习惯，为选品策略提供用户洞察和建议。

应具备的能力：熟悉用户研究方法和工具，能够与用户进行有效沟通和交流，提供有价值的用户洞察。

（十）新品开发团队

主要工作内容：负责新产品的研制和开发工作，与市场分析师和产品经理合作，推出具有市场竞争力的新品。

应具备的能力：具有新产品开发和项目管理经验，能够将市场需求转化为创新的产品概念和设计。

以上是选品团队中的一些典型角色，具体的构架和人员配置应根据企业的实际情况和选品需求灵活设计。选品团队的合理构架和协作配合，对于产品的质量和竞争力的提升及市场表现的优化都会起到至关重要的作用。

（一级）任务六　团队分工的调整方法

调整选品团队的分工是为了适应企业的发展和业务需求，以提高团队效率和选品质量。以下是一些调整选品团队分工的方法。

一、定期评估团队绩效

定期评估团队成员的绩效，了解每个成员的专业能力和工作表现，根据实际情况对团队成员的分工进行调整。

二、了解业务需求

了解企业当前的业务需求和战略目标，根据业务重点和发展方向调整团队的分工，确保团队的工作与企业的整体发展保持一致。

三、优化角色设置

根据团队的规模和工作内容，优化角色设置，确保每个岗位都能够起到最大的作用，避免职责重叠或职责不明确的情况。

四、灵活调整人员流动

根据个人的兴趣和能力，灵活地调整团队成员的变动，使每个成员都能发挥出自己的特长，同时增强团队的协作能力。

五、培训和提升

通过培训和提升团队成员的技能和知识，增强团队的整体实力，使其能够适应更广泛的选品工作。

六、倾听反馈

倾听团队成员的反馈意见和建议，了解他们对工作分工的看法，根据实际情况进行合理调整。

七、跨部门合作

考虑到选品涉及多个方面，因此应与其他部门进行密切合作，如市场营销、供应链管理等，确保选品团队的工作与其他部门的协调一致。

八、持续改进

定期回顾和改进团队的分工和运作模式，根据经验和反馈不断优化团队的组织结构和分工方式。

以上方法可根据企业的具体情况和选品团队的需求进行灵活运用，以确保选品团队的高效运作和选品质量的提升。

（一级）任务七　文化理念建立方法

所谓团队文化，就是每个人都要坚守的价值，所有员工都接受的坚定想法——"我们就是这样"。团队文化是指长期形成的具有团队个性的信念和行为。其主要内容是价值观、道德规范、团队精神和行为准则。

一、确立团队发展理念

团队理念的确立关键是一定要明确、合理，才能入脑入心，不断激励员工团结奋进。

（一）共同价值观和愿景

团队成员应该共同制订团队的价值观和愿景，明确团队的核心价值和共同目标，确保团队成员在价值观和愿景上达到共识和认同。

（二）明确团队目标

确定团队的短期和长期目标，让团队成员知道他们的工作和努力是为了实现这些目标，激发团队成员的动力和积极性。

（三）坚持价值观

团队文化理念应该与企业的价值观保持一致，团队成员应该坚持价值观，体现企业的核心价值。

二、建立正向激励机制

正确地运用精神、物质激励，建立有效的正向激励体系是激发员工力量与才能的最好办法。

（一）开展团队建设活动

定期组织团队建设活动，增进团队成员之间的了解和信任，加强团队协作和凝聚力。

（二）倡导正向文化

倡导积极向上、乐观向前的文化氛围，激励团队成员克服困难，勇往直前。

（三）奖励和激励

设立奖励制度，激励团队成员积极参与团队建设和实现团队目标。

三、开展"新三欣会"

"新三欣会"是在传统的"欣赏自己、欣赏他人、欣赏团队"的基础上增加团体游戏、文艺表演、合唱三个环节,使"新三欣会"基本囊括了团队建设中体验式、会议式、社交式三个方法的优点,旨在通过活动加强团队成员之间的良好沟通,并在活动中注入团队文化思想,建立统一的团队价值观。

(一)沟通和反馈

鼓励团队成员进行开放和有效的沟通,接受反馈,共同解决问题和改进团队运作。

(二)共享成功和失败

鼓励团队成员分享成功和失败的经验,从中学习和成长,形成共同进步的氛围环境。

(三)培养团队精神

培养团队合作精神,让团队成员认识到团队的力量和重要性,共同为团队的成功努力。

四、持续改进

团队文化理念的提升是一个不断发展和完善的过程,团队应该不断地审视和改进自己的文化理念,使其更符合团队的需求和发展。

(一级)任务八　管理规范制订方法

制订管理规范是确保组织运作有序、高效的关键步骤之一。以下是制订管理规范的一般方法:

一、明确目标

确定制订管理规范的目标和目的。这可能涉及到提高效率、加强内部控制、确保一致性等。

二、调研和分析

对组织内部的运作进行调研和分析。了解当前的管理流程、问题、痛点以及需要改进的领域。

三、定义范围

确定管理规范的覆盖范围,即规范涵盖哪些业务流程、职能部门和操作方面。

四、制订标准和流程

根据调研结果,制订明确的标准、规则和流程。这些规范可以包括工作流程、政策、程序、指南等。

五、明确职责和权限

在管理规范中明确，确保每个人都知道自己的职责和权限。

六、多方参与

在制订过程中引入各级别的员工和相关部门的参与，以确保规范的全面性和实施可行性。

七、可操作性

确保制订的规范具有实际操作性，能够在实际工作中得以执行。

八、明确沟通渠道

确定规范的传达和沟通渠道，以便将规范有效地传达给所有受影响的人员。

九、制订培训计划

为规范的实施制订培训计划，确保所有员工都能理解和遵循新的规定。

十、审查和验证

在规范制订完成后，进行内部审查和验证，确保规范的合理性、准确性和一致性。

十一、修订和更新

规范需要根据业务需求和环境变化进行修订和更新。建立定期审查和更新机制。

十二、管理流程

确定规范的管理流程，包括规范的发布、变更、审批和归档等步骤。

十三、制订实施计划

制订详细的规范实施计划，包括各个步骤、时间表和责任人。

十四、推广和宣传

在规范实施前后进行推广和宣传，让所有人都了解规范的重要性和好处。

十五、持续改进

建立一个反馈机制，定期收集用户的意见和建议，以不断完善管理规范。

十六、监督和执法

确保规范的执行和执法，制订相应的奖惩机制，以促使所有人遵守规范。

制订管理规范需要考虑组织的实际情况和需求，以确保规范能够真正提升组织的运作效率和质量。同时，规范的制订过程也需要透明、参与和持续的特点，以保证规范的实施效果。

习题

一、选择题

1．（多选）组建选品团队，首先需要考虑团队所需成员应具备的知识、素质和能力，之后按照实际需要选择能够胜任职务的成员。选择选品团队成员一般要遵循哪些原则（　　）。
　A．人数合理　　　　B．技能互补　　　　C．目标统一　　　　D．责任心强

2．（多选）文化理念建立方法（　　）。
　A．确立团队发展理念　　　　　　　　B．建立正向激励机制
　C．开展"新三欣会"　　　　　　　　　D．持续改进

3．（多选）团队文化是指长期形成的具有团队个性的信念和行为，其主要内容（　　）。
　A．价值观　　　　B．道德规范　　　　C．团队精神　　　　D．行为准则

二、简答题

1．选品经理的主要工作内容及应具备的能力有哪些？

2．采购专员的主要工作内容及应具备的能力有哪些？

3．请简述选品团队分工的调整方法？

4．请简述文化理念建立的方法，请问你学习完本项目有什么好的建议和补充？

项目十三

培训与指导

【项目导读】

选品员是在产品选择、产品卖点提炼、商务谈判、直播流程设计中参与实施管理的人员。好的产品人人需要,也只有好的产品才能赢得大家的信任,让大家产生愉悦的购物体验,从而促进产品流通、消费,使得"互联网+"的新型消费生态得到稳固发展,进而促进社会经济的发展。通过有效的培训和指导,可以使公司降低成本、提高效率,使员工早出成绩,同时避免不必要的损失,员工的盈亏平衡点也可以从一年缩短为半年。

本项目是在熟练掌握前期基础知识的基础上对新入职人员进行培训与指导,主要介绍如何制订培训计划,讲解培训教学工作的组织和开展,了解培训指导规范,介绍培训效果评估方法,进而达到指导高级别人员工作的效果。

【项目目标】

1. 能制订培训计划
2. 能编写培训讲义
3. 能组织开展培训教学工作
4. 能建立培训考评体系
5. 能制订培训指导规范
6. 能评估培训效果
7. 能指导二级/技师及以下级别人员工作

(二级)任务一 培训计划的编写方法

好的培训必须要有好的培训计划,培训实施方案是培训计划的主要表现形式。培训计划的编写,主要从以下几个方面着手。

一、培训需求分析

培训需求分析主要包括企业分析、工作分析和个人分析。

企业分析：围绕企业范围内的培训需求，以保证培训计划符合企业的整体目标与战略要求。

工作分析：员工实现理想的工作绩效，需要掌握的技能和能力。

个人分析：对员工现有的水平与培训后要求的水平进行比较差距，如果存在的问题，培训是能够解决的，可以对员工实施针对性的实施方案。

二、编写具体培训实施方案

在了解培训需求分析的前提下，要对培训的各构成因素进行深入分析。培训实施方案的组成如图13-1所示。

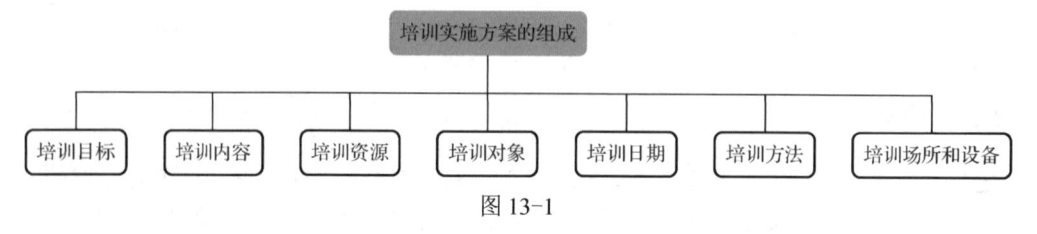

```
                    培训实施方案的组成
   ┌────┬────┬────┬────┬────┬────┬────────┐
 培训目标 培训内容 培训资源 培训对象 培训日期 培训方法 培训场所和设备
```

图 13-1

（一）培训目标的确定

培训计划中的培训项目需要达到一个怎样的培训目的、目标或结果。

（二）培训内容的选择

主要包括三个方面，即知识培训、技能培训和素质培训。知识培训是通过课本讲解或讲座，以获取专业知识；技能培训是指能使某些事情发生的操作能力的培训；素质培训是使个人有恰当的逻辑思维的培训。

（三）培训资源

培训资源有软件资源和硬件资源之分，也有内部资源和外部资源之分。外部资源和内部资源各有优缺点，培训管理者应根据培训需求分析和培训内容确定。

（四）培训对象

培训计划中的培训项目是对什么人进行的，他们的学历、经验、技能状况如何。

（五）培训日期

培训日期包括三个方面的内容：第一，培训计划地执行或者有效期；第二，培训计划中每一个培训项目的实施时间或者培训时间；第三，培训计划中每一个培训项目的周期或者课时。

（六）培训方法

培训的方法有多种，如讲授法、演示法、案例法、讨论法、视听法、角色扮演法等，各种培训方法都有其自身的优缺点，为了提高培训质量，达到培训目的，往往在培训时可根据培训方式、培训内容、培训目的而选择一个或选择多种配合使用。

（七）培训场所和设备

培训场所有会议室、工作现场等。若以技能培训为内容，最适宜的场所为工作现场，培训设备包括教材、摄影机、幻灯机等，不同的培训内容和培训方法决定最终培训场所和设备。

三、培训效果评估与反馈调整

每个培训项目实施后，对受训人员进行考核，评判检验培训是否成功，最直接有效的方式是让受训人员参与一场直播，通过直播效果来确认培训效果。然后，通过建立学员反馈机制，及时收集学员对培训计划的意见和建议，以便对培训计划进行持续的优化和改进。

（二级）任务二　讲义编写方法

编写讲义是传达信息和知识的重要方式，下面是编写讲义的一般方法：

一、明确目标和受众

确定编写讲义的目标和受众。明确你想要在讲义中传达什么信息，以及你的受众是谁，这将有助于确保内容的针对性。

二、结构和大纲

在开始编写之前，制定一个清晰的大纲。将讲义内容分成章节和小节，明确每个部分要涵盖的内容。

三、简洁明了

使用清晰、简洁的语言表达观点，避免使用复杂或晦涩的词汇。确保内容易于理解，受众能够迅速掌握重点。

四、逻辑清晰

确保讲义的逻辑结构清晰有序，每个章节或小节之间有合理的过渡和连接。

五、主题和要点

确定每个章节的主题和要点，并在讲义中突出强调。使用标题、标记和重点句子来引导读者注意。

六、图表和图像

如果适用，可以使用图表、图像、图示等来支持你的讲义内容，以增强理解和记忆效果。

七、实例和案例

使用实例和案例来说明概念，让受众更好地理解抽象的概念。

八、参考资料

提供参考资料和来源，让读者可以进一步深入研究相关主题。

九、避免堆砌

不要试图在一篇讲义中包含过多的信息。保持内容的精简，只包括关键和必要的信息。

十、互动和练习

在讲义中加入互动环节、练习题或问题，鼓励读者积极思考和参与。

十一、样式和排版

使用清晰的字体、适当的字号和行距，以及合适的标题和标注。保持一致的样式，使讲义看起来整洁和专业。

十二、语言风格

选择适合受众的语言风格，可以是正式的、亲和的、科普的等，根据目标调整语气。

十三、反复校对

编写完成后，反复校对讲义，确保没有拼写错误、语法错误和逻辑问题。

十四、测试和反馈

在一些受众中进行测试，收集反馈，以便根据实际使用情况进行调整和改进。

十五、更新和维护

随着时间和信息的变化，及时更新讲义内容，保持其准确性和实用性。

编写讲义需要注重受众的需求和理解能力，使内容能够有效地传达所需的信息。同时，将讲义视为一个持续改进的过程，随着反馈和实际使用的情况不断进行调整和完善。

（一级）任务三　能组织开展培训教学工作

一、新员工培训：掌握电商流程

一般来说，电商团队对新员工的培训主要有三个目的。首先，让新员工了解团队的发展历程、业务、未来愿景等，让新员工了解电商团队的业务和发展前景；其次，让新员工了解团队文化和理念，感受到电商团队的精神力量，激起新员工斗志；最后，使新员工明确在工作时需要遵守的规则，了解在岗位上顺利开展工作的工作流程，帮助其适应岗位要求。

在对新员工进行培训时，管理者要帮助新员工掌握电商团队的运作流程。这个流程包括两个方面，一是要让新员工了解整个电商团队的运作流程，以便与各部门合作、交流；二是要让新员工学习自己所在部门的工作流程，这是日后可以顺利工作的关键。

二、老员工培训：服务标准化，提升电商形象

相较于新员工，老员工的工作能力更强、业务能力也更加熟练，因此，在培训老员工时，管理者就不能只以提高员工的工作能力为出发点，管理者可以开展服务培训，形成标准化服务，以提高电商团队的形象。以客服人员为例，管理者可以将以下两点作为服务标准化培训的内容。

（一）回复及时化培训

当对产品产生购买欲望时，客户会想要马上购买产品，同时，客户对于产品的关注度和热情会随着时间的推移而逐渐降低。因此，当客户在购买欲望最强烈时联系客服人员，如果客服人员能够及时回复客户的问题，消除客户的疑惑，则极有可能促成客户下单。相反，如果客户长时间联系不上客服人员，那么对产品的疑惑就难以消除，在犹豫之中客户对产品的购买欲望就会随着时间的推移而减少，最终很有可能会放弃购买。此外，客服人员不及时回复，不仅影响产品的销售，还会影响客户对于电商团队的印象。

因此，管理者有必要对客服人员进行回复及时化培训，以便提升产品销量、提高团队形象。管理者可以从以下两个方面对客服人员进行培训。

① 随时在线，等待客户询问。客服人员需要做到随时在线，等待客户询问，并在客户提出问题后第一时间回复。客服人员悉心服务于客户，不仅可以促进产品销售，还会提高客户购物的满意度，提高其对电商团队的好感。

② 制订统一的回复标准。针对客户提出的产品细节、价格、店铺活动、发货、物流、售后服务等方面的问题，管理者都需要为客服人员制订统一的回复标准。这样可以提高客服人员的工作效率，还可以提升客户的购物体验。

（二）服务态度培训

客服人员的服务态度是十分重要的，在客服人员良好服务态度的影响下，即使客户不是十分满意产品，也可能会买下产品。在对同类产品的挑选中，客服人员的服务态度是影响客户选择的重要因素之一。

以下案例表明了在产品销售过程中，客服人员的不同服务态度所出现的不同结果。

案例一：
客户："能不能再便宜些？"
客服："亲，小店的图书已经非常优惠啦。"
客户："哦。"
客服："这套儿童系列图书的纸质好，印刷质量高，这个价位已经很便宜了。"
客户："我再看看吧。"
客服："马上就是儿童节了，畅销书很可能会断货，所以您赶紧下单吧！"
客户："哦。"
客户最后没有下单。
案例二：
客户："能不能再便宜些"
客服：您好，新人首次购买可以在首页领取 5 元优惠券哦~

客服：推送［5元优惠券］
客户：好滴，谢谢！
客服：欢迎再次购买哦～
客户：嗯嗯
客服：［表情］

（二级）任务四　专业技能指导方法

一、技术人员培训常用方法

（一）普通授课

1. 操作介绍
① 由技术专家或经验丰富的技术员讲解相关知识。
② 应用广泛，费用低，能增加受训人员的实用知识。
③ 单向沟通，受训人员参加讨论的机会较少。
2. 适用范围
企业及产品知识、技术原理、心态及职业素养培训。

（二）工作指导

1. 操作介绍
① 由人力资源部经理指定指导专员对受训人员进行一对一指导。
② 受训人员在工作过程中学习技术、运用技术。
2. 适用范围
操作流程、专业技术技能培训。

（三）安全研讨

1. 操作介绍
① 由生产安全、信息安全管理者主持，受训人员参与讨论。
② 双向沟通，有利于掌握"安全"的重要性和相关规定。
2. 适用范围
安全生产、操作标准培训。

（四）录像、多媒体教学

1. 操作介绍
① 将生产过程录制下来，供受训人员学习和研究。
② 间接的现场式教学，节省了指导专员的时间。

2. 适用范围

操作标准及工艺流程培训。

（五）认证培训

1. 操作介绍

① 业余进修方式，参加函授班的学习。
② 培训结束后参加考试，合格者会获得证书。
③ 避免步入误区——仅仅为了获得证书去培训。

2. 适用范围

专业知识技能培训。

二、专业技能培训

职业培训的基本内容一般分为基本素质培训、职业知识培训、专业知识与技能培训和社会实践培训。

① 基本素质培训内容包括文化知识、道德知识、法律知识、公共关系与社会知识、生产知识与技能。这种培训主要是培养熟练工，培训的内容以基本素质培训为主，并结合用人单位的岗位设置及职业要求进行培训。

② 职业知识培训内容包括职业基础知识、职业指导、劳动安全与保护知识、社会保险知识等，以达到使求职者了解国家有关就业方针政策及个人选择职业的知识和方法；掌握求职技巧、开业程序与相关政策；了解职业安全与劳动保护有关政策和知识；掌握社会保险方面的知识和政策。

③ 专业知识与技能培训包括专业理论、专业技能和专业实习。学员在专业理论的指导下掌握一定的专业技能，并通过在企业的实习，提高解决实际问题的能力，为就业打好基础。

④ 社会实践包括各种社会公益活动、义务劳动、参观学习和勤工俭学等。

（二级）任务五　培训指导规范编写方法

一、培训指导规范的内容

培训指导规范的正文内容包括但不限于培训的类型、培训的对象、培训课程的内容、培训形式、培训的目标、培训讲师、培训具体时间、培训课时、监督检查责任人。

培训指导规范的附件内容包括但不限于培训课程 PPT、培训课程所对应的考试题、培训签到表、培训通知、员工培训心得、讲师培训有效性评价表、部门内部讲师推荐表、讲师授课课时统计表、培训课程学习确认表、年度培训实施计划。

二、培训指导规范撰写要求

① 基本原则：以符合公司发展与组织能力提升为基本原则。

② 有效性原则：员工通过培训能够有效提升个人职业技能及职业素质。

③ 实用性原则：员工通过培训掌握的知识或提升的技能能够用于实际工作中以有效提高工作效率。

④ 针对性原则：根据性质不同对岗位进行分层分类，实行侧重点不同、内容不同、方式不同的针对性强的培训。

三、培训指导规范的格式、字体

培训指导规范统一以 Word 版本提交到各系统负责人，字体及字号按以下标准执行。

（一）培训指导手册排版格式要求

① 题目为小三号、宋体、加黑、居中。
② 编号：以部门已发布制度延续。
③ 版次：A 版/1 次。
④ 日期：2023 年 09 月××日。
⑤ 正文采用宋体、四号。
⑥ 行间距为固定值 25 磅。

（二）标题号规定

① 一级数字序号：一、二、三
② 二级数字序号：（一）（二）（三）
③ 三级数字序号：1、2、3
④ 四级数字序号：（1）（2）（3）

（一级）任务六　培训教学工作的要求与技巧

培训教学工作涉及给学员有效地传递知识和技能，以下是一些要求和技巧，可以帮助你在培训教学中取得成功。

一、要求

（一）目标明确

确定培训的目标和预期结果。明确知道你希望学员在培训结束时能够掌握什么知识和技能。

（二）了解受众

理解学员的背景、知识水平、学习风格和需求。根据这些信息调整教学方法和内容。

（三）教材准备

准备清晰、完整的教材，包括幻灯片、讲义、练习等。确保教材能够支持你的教学内容。

（四）组织性强

教学过程要有条理，有清晰的组织结构。学员应能从一个概念平稳过渡到另一个。

（五）互动性和参与感

培训应该互动性强，鼓励学员积极参与讨论、提问和练习。

（六）示范和实践

不仅讲解概念，还要提供实际示范和实践机会，让学员能够在实际操作中学习。

（七）反馈机制

提供及时的反馈，帮助学员了解自己的进步和需要改进的地方。

（八）启发思考

鼓励学员思考问题，提出问题，引导他们自主地探索和思考。

二、技巧

（一）清晰表达

使用清晰、简洁的语言表达观点，避免使用复杂难懂的词汇。

（二）故事和案例

使用故事和实际案例来说明概念，使抽象的概念更易于理解。

（三）视觉辅助

使用图表、图像、幻灯片等视觉辅助工具，增强学员的理解和记忆。

（四）互动方式

使用小组讨论、角色扮演、练习等方式，让学员参与到教学过程中。

（五）引导性提问

使用引导性问题，引导学员自己思考和发现答案，而不是简单地告诉他们答案。

（六）时间管理

控制好教学进度，确保每个部分都有足够的时间来深入讲解。

（七）身体语言

注意你的身体语言和声音的语调，确保传达的信息与你的语言相一致。

（八）灵活调整

根据学员的反应和需求，随时调整教学方法和内容。

（九）鼓励互动

鼓励学员提问、讨论，创造开放的学习环境。

（十）关注个体

尽量满足不同学员的学习需求，考虑到他们的不同背景和学习风格。

（十一）激发兴趣

通过生动的例子、有趣的内容，激发学员的学习兴趣。

（十二）多重感官参与

利用视觉、听觉、触觉等感官参与教学，增强学员的学习体验。

（十三）耐心和尊重

对于学员的问题和疑虑要有耐心回应，尊重他们的不同观点和想法。

（十四）自我评估

反思自己的教学过程，找到改进的地方，不断提升教学效果。

综合运用这些要求和技巧，可以帮助你更好地进行培训教学工作，有效地传达知识和技能，促进学员的学习和发展。

（一级）任务七 考评体系的建立方法

建立一级选品员的考评体系可以帮助衡量其绩效和能力，以下是一个可能的建立方法：

一、明确职责和职能

首先明确一级选品员的职责和职能，包括商品选品、市场调研、销售分析等方面的工作内容。

二、确定关键绩效指标（KPIs）

根据一级选品员的角色，确定关键绩效指标，这些指标应该与他们的职责和业务目标相一致。可能的 KPIs 包括商品销售额、库存周转率、市场份额增长等。

三、制定量化指标

将每个绩效指标转化为可以量化的具体指标,例如设定销售额目标、库存周转率的提升幅度等。

四、设定权重

为不同绩效指标设定权重,以反映其在一级选品员综合绩效评估中的重要性。不同指标的权重可以根据业务战略和优先级进行调整。

五、制定评分体系

设计一个评分体系,将不同绩效指标的达成情况映射到分数或等级。例如,每个指标可以有不同的分数区间,根据达成情况评分。

六、设定评估周期

确定一级选品员的绩效评估周期,可以是每季度、半年度或年度。

七、考核流程

设定考核流程,包括目标设定、绩效数据收集、评估、反馈和改进等步骤。

八、数据收集与记录

设定数据收集方法,确保能够准确记录和跟踪一级选品员的绩效数据。这可能涉及销售报表、库存数据、市场调研报告等。

九、评估者培训

如果考核涉及多位评估者,如上级、同事等,需要为他们提供培训,确保他们理解评估指标和标准。

十、持续反馈与改进

在每个评估周期结束后,向一级选品员提供具体的绩效反馈,帮助他们了解自己的优势和改进空间。

十一、奖励和激励机制

将绩效评估与奖励和激励机制结合起来,鼓励一级选品员在关键绩效指标上取得出色成绩。

十二、定期审查和更新

根据业务需求和变化,定期审查和更新评估体系,确保其与业务发展保持一致。

建立考评体系需要综合考虑组织的特点和需求,确保体系能够公平、准确地衡量一级选品员的绩效,同时也应注重提供持续的发展和改进机会。

（一级）任务八　专业技能指导的考评方法

专业技能指导的考评方法主要有以下四种。

一、问卷法

它是通过文字和图表所组成的试卷直接对鉴定对象的知识能力进行考评的方式。

二、操演法

它是在现场通过实际或模拟制作对鉴定对象技能能力进行考评的方式。

三、口试法

它是考、评双方直接对话对鉴定对象知识和技能进行考评的方式。

四、阅卷法

它是通过文字论文形式间接地对鉴定对象应用和解决问题的能力进行考评的方式。

（一级）任务九　培训效果评估方法

柯氏的四级培训评估理论，是培训评估最常使用的方法，包括反应层、学习层、行为层和结果层四个递进的层次，如图 13-2、图 13-3 所示。

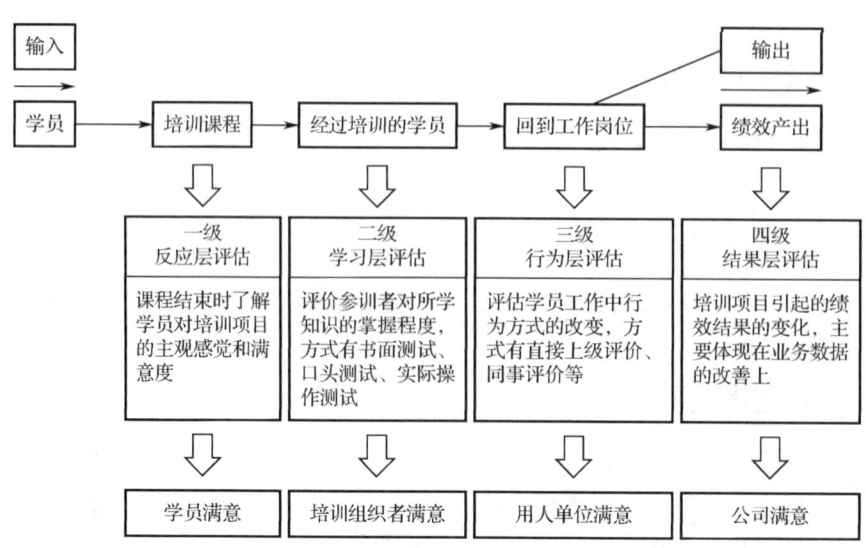

图 13-2

层级	名称	内容	时间	方法	评估人	备注
1	反应层	了解参训人员对课程安排、讲师及培训组织的满意情况	培训即将结束时	问卷调查、访谈、观察、座谈、电话或邮件等	培训组织者	
2	学习层	了解参训人员对培训知识、内容、操作、技巧等的掌握程度	培训中、培训结束时	提问、笔试、演讲、演示、角色扮演、心得文章等	培训组织者	
3	行为层	了解参训人员培训后行为改变是否受该培训影响	两三个月或半年后	360°考核、目标管理、能力鉴定、绩效评估、行为观察、问卷调查、访谈等	参训人员直接上级	
4	结果层	了解该培训给公司业绩带来的影响	半年或一两年后	员工满意度、客户满意度、企业内外环境、成本效益、离职率、缺勤率、生产率、合格率、个人和企业绩效指标等	参训人员所在部门领导、HR部门	
备注						

图 13-3

在评估中，反应用调查、学习用测试、行为用观察、结果用考核对比等。

培训效果评估中的反应层、学习层都是表面评估，最关键的培训效果是在培训过程中或培训结束后马上就进行评估的，这时的评估多半是比较好的，但效果能够持续多久多好，就需要三四级的行动层、成果层的评估了，这才是衡量培训效果是否发挥长期持续作用，培训投资是否获得收益率最大化的关键。

现代企业员工培训系统由"培训需求分析、培训规划、培训组织实施、培训效果评估"四个子系统组成。培训效果评估是一个完整的培训流程的最后环节，既是对整个培训活动实施成效的评价与总结，同时评估结果又为以后培训活动的培训需求提供重要的信息。

一、培训效果评估的一般程序

评估是为了检验培训管理体系的有效性，衡量培训管理工作所取得的成绩，找出培训管理中存在的问题。所以，为确保评估工作的顺利开展和客观公正，还必须规范评估的流程，科学地计算其经济收益，做好评估后的反馈工作。

第一步：评估目标确定

主要内容包括确定培训评估是否开展；进行培训评估的可行性分析；确定培训评估的项目；确定培训评估的目标。

第二步：评估方案制订

培训评估方案一般包括培训测评的价值分析，培训评估的项目及目的，培训评估的时间、地点和人员，培训评估的方法、标准及步骤，培训评估的分工与合作，培训评估的报告撰写与反馈等。制订培训评估方案时，要征求培训项目实施人员及外部培训专家顾问的意见，确保培训评估方案的科学性和可操作性。

第三步：评估方案实施

包括培训信息的收集和整理分析。不同的培训评估信息收集的渠道和收集的方法有所不同。常用的收集方法主要有原始资料收集法、观察活动收集法、访谈活动收集法、调查问卷收集法。培训评估需要的信息来自不同的渠道，信息的形式也各不相同，因此有必要对收集到的信息进行分类，并根据不同的培训评估内容的需要进行信息归档，通过表格及图形将信息所表现的趋势和分布状况予以形象地处理。

第四步：评估工作总结

对培训效果评估工作的整体进展情况进行总结和评价，指出评估方案实施过程中的收获和不足，为下一次开展评估活动提出建议。对培训项目的实施效果要撰写培训评估报告。撰写培训评估报告是整个评估的最后工作环节，同时也是影响评估结果的重要一环。因此，撰写评估报告时要在充分的信息收集的基础上，征求多方面的意见和建议，提高培训结果测评的价值。

二、培训有效性评估的方法

在制订培训规划时，应该对本次培训实施中所采用的评估手段进行挑选，包括如何考核培训的成败，如何进行中间效果的评估，如何评估培训结束时受训者的学习效果，如何考察在工作中的运用情况等，需要注意的是选择合适的方法与实施培训效果评估。

① 观察法。一般由培训管理者担任观察者，按照事先拟定的提纲对观察对象实施观察。

② 问卷调查法。这是评估中最常用到的方法，问卷设计要根据使用的范围和时机加以调整，最好是开放式问题和封闭式问题相结合。

③ 测试法。这个方法主要用于对知识性和技能型内容的测试。

④ 情景模拟测试。它包括角色扮演和公文筐测试等多种方法，通过在最接近实际工作环境的情境下进行测试而了解受训者的真实水平。

⑤ 绩效考核法。收集受训者的绩效资料，对其在受训前后的一段时间内绩效的变化进行考察。

⑥ 360 度考核。通过被考核人的上级、同级、下级和服务的客户对他进行评价，从而使被考核人知晓各方面的意见，清楚自己的所长所短，以达到提高自身能力的目的。

⑦ 前后对照法。选取两个条件相似的小组，在培训前，对两个小组进行测验，分别得到两组成绩。一个小组进行培训，一个小组不进行培训，在培训结束后，再对两个小组进行测验，比较每个小组的测验成绩，看培训是否对小组起作用。

⑧ 时间序列法。在培训后定期做几次测量，通过数据对比以准确分析培训效果的转移程度。

⑨ 收益评价法。从经济角度综合评价培训项目的好坏，计算出培训为企业带来的经济收益。

三、培训有效性评估的技术

柯克帕特里克四层次培训评估模式是目前国内外运用最为广泛的培训评估方法，柯克帕特里克四层次评估模式将评估活动分为四个级别，对培训效果进行评估。柯克帕特里克从评估的深度和难度将培训效果分为四个递进的层次：反应层面、学习层面、行为层面、结果层面。

（一）柯氏四层次培训评估模式

柯氏四层次培训评估模式具体内容如图 13-4 所示。

层面	标准	重点	问题
第一层面	反应	受训者满意程度	受训者喜欢该项目吗？课程有用吗？他们有些什么建议
第二层面	学习	知识、技能、态度、行为方式方面的收获	受训者培训前后，在知识以及技能的掌握方面有多大程度的提高
第三层面	行为	工作中行为的改进	培训后受训者的行为有无不同？他们在工作中是否使用了在培训中学习到的知识
第四层面	结果	被培训者获得的经营业绩	组织是否因为培训经营得更好了

图 13-4

1. 一级评估：反应评估

所谓反应评估，是指评估受训者对课程的满意程度。通常邀请受训者填写课后问卷以了解受训者对课程的满意度，并将搜集的意见作为未来举办同样课程的改善参考。问卷项目通常包括课程实用性、深浅难易度、时间长短、讲师讲授技巧等。反应是评估的最低级别，柯克帕特里克将反应定义为受训者对培训的感受和看法。包括：①对培训者的满意；②对培训过程的满意；③对测试过程的满意；④培训项目的效用；⑤对课程材料的满意；⑥对课程结构的满意。

一般由受训者的直接反馈得到评估数据，培训后的受训者填写评估调查表。该层次的评估时间，通常是培训当场或课程一结束就进行。评估内容包括组织安排、场地、讲师、课程内容等。评估方式一般都是使用问卷调查的手法搜集满意度，有时也会进行抽样访谈。

2. 二级评估：学习评估

学习评估是受训者对培训内容的掌握程度。它主要测定受训者对培训的知识、态度与技能方面的了解与吸收程度。学习评估结果表明了培训的质量，在一定程度上表明培训的实际效果，且可用来预测培训的最终效果。

根据课程类型的不同，有以下 4 种不同的评估方式。

① 书面测验。用来了解受训者对专业知识的理解程度。书面测验通常于课后一周内举行，包括是非题、选择题、填空题和实作，及格分数大多设定为 70 分。测验的目的是让受训者能于课后温习，以便对最根本且重要的观念能牢记于心。

② 模拟情境。即在课后设计一些工作中的模拟情境，以观察受训者是否能正确应用所学的相关知识与技巧。这种情景模拟评估方式，通常在管理技能训练与顾客服务训练课程中较常被用来评估学习成效。

③ 操作测验。例如：电脑操作训练，应设计实操题，以便评估学员是否已会操作使用。

④ 学前、学后比较。即在课前先自我测试对于授课内容的了解程度，然后在上完课后再做一次测试，通过课前、课后了解程度差异的比较，能看出学习的成果。这种比较法通常是在管理技能训练中使用。一般本层次的评估时间是在培训现场或培训结束之后。评估内容包括培训课程中所涉及的知识、技能和态度。评估方式主要有课堂现场测试（提问、展示等）、笔试、对比测评、设定基准分的测评、能力测评、情景模拟测评等。

3. 三级评估：行为评估

反映受训者将培训所学运用到工作中并改变工作行为的程度，是学习在工作中的再转化。行为指标水平可以由内部人员测定，也可由外部人员测定。内部人员指受训者的直接管理者，外部人员指人力资源专家和顾客。本层次的评估时间，通常在培训结束后 3 个月进行。

评估内容包括测评其工作行为是否因培训而有所改变。评估方法主要有问卷调查法（主要通过同事、上下级来收集数据）、面谈法、观察法（一般技术操作类培训可以采用这种方式）、行动计划法（这是在培训追踪中较多使用的一种方法，要求受训者列出培训后需改进的地方并形成计划，定期按计划保持追踪）。

4. 四级评估：结果评估

柯克帕特里克评估模式认为，对各种评估来说都有一个基本的学习分级，或叫作学习的层次、步骤。培训之后的问题首先是受训者的反应问题。如果这种反应很差，受训者就不大可能会学到知识，因而工作表现的改进也就谈不上了；如果反应良好，受训者可能学到知识，也有可能没有学到知识；如果他们确实学到了知识，接下来是能否将知识运用到工作中，并且确实提高了工作绩效。但同时，个人绩效的提高并不意味着整体绩效的提高。该层次的评估时间，一般是在培训后半年或一年。评估内容主要是与该培训内容直接相关的绩效指标。评估方式主要采用培训前后绩效周期的绩效结果对比。这是建立在行为评估基础上的，只有行为的改变，才有可能将绩效结果的改变与培训挂钩。

四、培训效果评估方案的设计

培训效果评估方案的设计是一个运用科学的理论、方法和程序，从培训项目中收集数据，并将其与整个组织的需求和目标联系起来，以确定培训项目的优势、价值和质量的过程。培训效果评估的开展必须遵循科学的程序，否则得出的培训评估结果很可能失去客观性。

培训效果评估方案的设计一般包括以下五个基本步骤。

（一）明确培训评估的目的

培训评估主要解决三个问题：一是评估的可行性分析，通过收集的相关资料确定评估有无价值及评估有无必要进行；二是明确评估的目的，这是一个决策者和培训项目管理者向评估者表达评估意图的过程；三是明确评估的操作者和参与者，评估操作者可分为外部评估操作者和内部评估操作者，决策者应当充分考虑其优缺点进行选择。另外，还要明确评估的参与者，评估过程并非只是评估者的事情，它涉及培训对象、培训的领导者、培训管理人员及外部参与者。

（二）培训评估方案的制订

在制订评估方案中，最核心的工作内容包括评估方法选择、评估方案设计和评估策略选择。在制订评估方案时最好能够由培训项目的实施人员、培训管理人员、培训评估人员和培训评估应用人员共同进行，如有可能，最好邀请外部培训顾问参与，以保证评估方案的科学性和切实可行性。

（三）培训评估信息的收集

培训评估数据的收集主要是注意数据的有效性、可靠性、简单易行性和经济性的特点。培训评估数据收集有许多方法，常见的有通过资料收集、通过观察收集、通过访问收集、通过参与收集、通过培训调查收集等。值得注意的是，在数据收集过程中，为了防止数据的错漏，最好重新设计一个数据收集计划，对数据收集做好事前安排。

（四）培训评估信息的整理与分析

数据收集完毕后，要对收集到的信息进行分类，并根据不同的培训评估内容的需要进行归档，还要应用相应的统计方法进行整理分析。如利用一些直方图、分布曲线等工具将信息所表现的趋势和分布状况予以形象地处理，对培训效果作出科学的、客观的量化分析；并在数据分析的基础上，对培训成效作出判断和评价。

（五）撰写培训评估报告

撰写培训评估报告是整个培训评估的最后工作环节，同时也是影响培训评估结果的重要环节。培训评估报告应当客观、公正，要综合所有评估意见和观点，在最后上报之前一定要召开评估小组成员会议，反复修改，以确保其真正发挥培训评估对领导决策、培训工作者工作改善的重要作用。

培训评估报告一般包含培训背景说明与培训概况、培训评估的过程说明、培训评估信息的总结与分析、培训评估结果与培训目标的比较、关于培训项目计划调整的建议等内容。培训评估报告在定稿和呈报上级之前，要召集培训评估项目小组、培训项目的管理者和实施者、项目实施顾问、学员代表等相关人员共同参加评估会议，共同讨论评估报告的真实性和合理性，以确保培训评估的客观公正，真正发挥评估对领导决策、培训管理者及培训师等工作改善方面的重要作用。

习题

一、选择题

1. （多选）一场好的培训必须有好的培训实施方案，而这就必须进行培训需求分析，那么培训需求分析包括哪些内容（   ）？
   A. 企业分析   B. 工作分析   C. 个人分析   D. 目的分析

2. （单选）在了解培训需求分析的前提下，要对培训的各构成因素进行深入分析，以下不属于培训实施方案组成元素的是（   ）。
   A. 培训目标   B. 培训目的   C. 培训内容   D. 培训方法

3. （多选）专业技能指导方法中技术人员培训常用方法包括（   ）。
   A. 培训目标   B. 培训目的   C. 培训内容   D. 培训方法
   E. 认证培训

4. （多选）以下属于专业技能指导考评方法的是（   ）。
   A. 问卷法   B. 操演法   C. 口试法   D. 阅卷法

5. （单选）以下不属于培训效果评估方法的是（   ）。
   A. 绩效考核法   B. 观察法
   C. 测试法   D. 柯克帕特里克评估法

二、简答题

1. 培训教学工作的要求和技巧有哪些？
2. 专业技能指导方法包括什么？
3. 柯克帕特里克的四级培训评估理论是培训评估最常使用的方法，它主要包括哪些内容？
4. 一场好的培训必须有好的培训实施方案，也要有好的效果评估方法，请问你学习完本项目后有什么需要补充的建议？